UNIVERSITÁRIOS EM
pontes

A problemática da evasão no ensino superior
e caminhos em orientação profissional

Sandra Benevento Bertelli
Walquíria Fonseca Duarte

UNIVERSITÁRIOS EM
pontes

A problemática da evasão no ensino superior
e caminhos em orientação profissional

© 2013 Casapsi Livraria e Editora Ltda.
É proibida a reprodução total ou parcial desta publicação, para qualquer finalidade,
sem autorização por escrito dos editores.

Editor: *Ingo Bernd Güntert*
Gerente Editorial: *Fabio Melo*
Coordenadora Editorial: *Marcela Roncalli*
Assistente Editorial: *Cíntia de Paula*
Produção Editorial e Capa: *Casa de Ideias*

Dados Internacionais de Catalogação na Publicação (CIP)
Angélica Ilacqua CRB-8/7057

Bertelli, Sandra Benevento
   Universitários em pontes: a problemática da evasão do ensino superior e
caminhos em orientação profissional / Sandra Benevento Bertelli, Walquíria
Fonseca Duarte. - São Paulo: Casa do Psicólogo, 2013.

ISBN 978-85-8040-174-5

1. Adolescência 2. Escolha profissional 3. Profissão 4. Ensino médio e superior
   I. Título II. Duarte, Walquíria Fonseca

13-0013   CDD 371.425

Índices para catálogo sistemático:

1. Orientação profissional

Impresso no Brasil
Printed in Brazil

*As opiniões expressas neste livro, bem como seu conteúdo, são de responsabilidade de
seus autores, não necessariamente correspondendo ao ponto de vista da editora.*

Reservados todos os direitos de publicação em língua portuguesa à

Casapsi Livraria e Editora Ltda.
Rua Simão Álvares, 1020
Pinheiros • CEP 05417-020
São Paulo/SP – Brasil
Tel. Fax: (11) 3034-3600
www.casadopsicologo.com.br

Prefácio

O percurso profissional das autoras foi sempre marcado pelo trabalho, predominantemente com jovens, realizando psicoterapia e orientação profissional.

Walquíria Fonseca Duarte, por meio de seus atendimentos em consultório, observava certo grau de ansiedade gerada por fatores como a pressão dos pais ou sentimentos de inadequação ao comparar-se a outros colegas que se adaptaram à instituição.

De minha parte, por meio da experiência como orientadora profissional no Centro de Integração Empresa-Escola (CIEE/SP) e na própria clínica, pude observar que a cada dez participantes, aproximadamente, três ou quatro haviam iniciado um curso superior e abandonado ainda no primeiro ano.

Durante os encontros de orientação profissional eram comuns discursos como: "não sei se sirvo para alguma coisa", "não sei mais nada", "estou totalmente perdido", ou ainda, "quando entrei na faculdade de turismo pensei que fosse de um jeito, mas vi que não tem nada a ver comigo". Tais comentários apontavam para

6 • UNIVERSITÁRIOS EM PONTES

uma nítida desmotivação e dúvida em relação à capacidade, devido ao fato de o jovem não ter dado continuidade ao curso o qual acreditava ser a melhor opção.

Desta forma, este livro tem como foco a questão da evasão universitária tão frequente nos dias de hoje.

Sandra Benevento Bertelli

Sumário

Introdução 9

Evasão escolar:
alguns antecedentes 19

A evasão no ensino superior 23

A evasão e a vertente social:
a queda no limbo 41

A evasão universitária
do ponto de vista psicológico.................... 49

A escolha profissional: ponto inicial
para a efetiva trajetória profissional 57

A busca por uma
profissão com significado 71

Referências 97

Introdução

No final do século XIX, na Viena *Fin-de--Siècle*, Maurice Ravel (1875-1937) tomou de assalto o mundo da valsa, símbolo da alegre capital austríaca, com a desvairada *Dance Macabre* (nome inspirado na alegoria medieval sobre a universalidade da morte, a dança da morte personificada), demonstrando o real sentimento das pessoas que tentavam duramente adaptar-se ao final de uma era, marcada pelo advento de profundas transformações econômicas e culturais (Schorske, 1988).

Assim, Schorske (1988, pp. 25-26) discute este momento:

> *Embora Ravel celebre a destruição do mundo da valsa, o compositor não se apresenta de saída com uma visão unificada. Pelo contrário, a obra se abre como um prenúncio das partes individuais que comporão o conjunto: fragmentos de temas de valsa, disseminados por uma imobilidade meditativa. Gradualmente, as partes se encontram:*

a fanfarra marcial, o vigoroso trote, o obbligato suave, a impetuosa melodia principal. Cada elemento é arrastado, sua velocidade magnetizada para o todo maior. Cada um desdobra sua individualidade, ao se unir aos parceiros na dança. O andamento se acelera, quase imperceptivelmente, o ritmo impetuoso passa para o compulsivo, a seguir para o frenético. Os elementos concêntricos se tornam excêntricos, separados do todo, assim transformando a harmonia em cacofonia. O andamento condutor continua crescendo quando, de súbito, surgem cesuras no ritmo; o ouvinte praticamente para, ao fixar, horrorizado, o vazio que se cria; um elemento principal silencia, deixa de agir por um momento. A paralisia parcial de cada elemento enfraquece o movimento e, no entanto, o todo se move, em condução incessante, possível apenas numa medida compulsiva em três tempos. Até as últimas notas, quando a valsa se desmorona num cataclismo de sons, cada tema continua a exalar sua individualidade, agora excêntrica e distorcida, no caos da totalidade.

A parábola musical de Ravel traduz, de forma genial, a crise cultural e social daquela época. Em toda a melodia e harmonia da *Dance Macabre*, incluindo os compassos, há perguntas de uma psique humana inconformada com as mudanças que estavam sendo instauradas com o advento do século XX.

A valsa transmudada em dança macabra exprime a resistência e até a negação de uma era em transformação que, em seu final, culmina na vitória do século XX sobre o século XIX. Um resultado passível de ser pressentido na melodia incoesa, isolada e inatingível de um tempo sem volta.

Nesse tempo, em especial, a linda Viena não se mostrava imune às mudanças resultantes da incipiente globalização, processo que acarretou a busca de novas identidades socioeconômicas, culturais e políticas, em um mundo que não podia mais ter vida compartimentada.

Estamos no século XXI, e também não somos imunes aos abalos trazidos por mudanças, como ocorreu no início do século XX.

As mudanças históricas, acentuadas por um acelerado desenvolvimento tecnológico, fazem com que o jovem de hoje necessite de uma identidade profissional que tenha ressonância com novas formas de ser e operar, procurando ajustar-se a transformações sempre em curso, num movimento histórico de adaptação constante.

Por meio da participação em eventos científicos e simpósios na área da psicologia organizacional, deparamo-nos com um grande número de conferências e mesas redondas que enfoca as mudanças de perfil do profissional que as empresas estão recrutando e selecionando. Um ponto comum de discussão e preocupação é o da alta porcentagem de evasão de universitários de seus cursos de ingresso.

Tal evasão tem a ver com o despreparo dos candidatos no acesso às universidades e da comunidade em que estão inseridos para responder às exigências de especialização e do desenvolvimento de novas habilidades no mercado de trabalho. De um lado, temos a globalização como um processo histórico de evolução do sistema mundial e, de outro, o jovem em busca de um mercado de trabalho cada vez mais competitivo, em especial quando somado às crescentes desigualdades sociais. A integração desses polos gera inquietude e dúvidas pessoais na escolha profissional, criando uma desarmonia que interfere no mercado de trabalho, tal como se configura hoje, e gerando perplexidade e angústia no plano pessoal, como ocorrido na virada do século

XIX, com os estudantes e trabalhadores às voltas com a avalancha de mudanças trazidas pelos tempos modernos. As inquietudes de hoje, as inadequações, a falta de informação e de instrumentação, bem como a questão do redirecionamento de opções de carreira profissional estão no cerne do complexo fenômeno da evasão de universidade, que foi tema da tese de doutorado que deu origem a este livro.

A partir dos dados fornecidos pela Reitoria da Universidade de São Paulo (USP), em julho de 2003, quanto aos indicadores de Conclusão/Evasão (Anexo I), constatamos que o índice de evasão de alunos é alto e significativamente maior no conjunto dos cursos das áreas de humanas e de exatas. Dos alunos que ingressaram na USP no período de 1996 até 2003, evadiram-se:

- 33% na área de ciências humanas;
- 25% na área de ciências exatas e
- 9% na área de ciências biológicas.

A mesma tendência entre as áreas ocorreu em relação aos índices de conclusão de cursos. No mesmo período:

- 82% na área de ciências biológicas;
- 49% na área de ciências exatas e
- 47% na área de ciências humanas.

Como podemos observar, os cursos relacionados à área de ciências biológicas são os que registram menor evasão e, consequentemente, maior porcentagem de conclusão.

Essa situação alarmante – com quase a metade dos alunos de exatas e humanas não concluindo seus cursos – foi um dos temas de uma matéria especial sobre os 70 anos da USP do jornal *Folha de S. Paulo* (Colucci, 2004), ressaltando que um em cada quatro alunos dos cursos oferecidos de 1995 a 2003 deixou a faculdade de ingresso. A matéria também destacou que, em alguns cursos, a evasão chegou a 79%.

Os dados da USP são de um levantamento realizado pelo Núcleo de Apoio aos Estudos de Graduação (NAEG), ligado à Pró-Reitoria de Graduação, que acompanhou 27.789 alunos ingressantes em 131 cursos de graduação de 1995 a 1998 e mapeou a evasão, a permanência prolongada e a conclusão até janeiro de 2003.

Uma das causas apontadas para o alto índice de evasão estava na desmotivação dos alunos com disciplinas do curso e na organização das estruturas curriculares que se mostraram pouco adaptadas a mudanças na realidade socioeconômica e cultural do país. A Pró-Reitoria da USP realiza atualmente uma pesquisa com objetivo de analisar o perfil do aluno que se evade em cada curso da universidade, para que cada uma das unidades de ensino possa identificar o estudante com os potenciais característicos para a evasão logo no início de sua entrada na universidade e estabelecer programas destinados a propiciar uma melhor adesão ao curso escolhido.

A questão da evasão escolar já tem significativa repercussão na comunidade e, por sua relevância, vem ocupando a atenção da imprensa. Em matéria do *Jornal da Tarde* (Tófoli, 2004), encontramos mais uma vez a informação de que 28% dos alunos ingressantes na USP abandonam os seus cursos, causando um prejuízo mínimo de R$ 295,6 milhões por ano. Uma situação semelhante ocorreu com a Universidade Estadual de São Paulo (Unesp). Já na Universidade de Campinas (Unicamp), observa ainda o jornal, o índice de evasão é bem menor, chegando a 5,04%, resultado atribuído às características formais do vestibular, considerado mais reflexivo que o da USP, o que facilitaria o ingresso de um aluno que tenha mais ressonância com o perfil das disciplinas da grade curricular do curso de sua opção.

Com relação às universidades particulares, não encontramos pesquisas semelhantes, em especial, por enfrentarem um problema oposto. Artigos da revista *sãopaulo*

(Yuri, 2004), publicação do jornal *Folha de S.Paulo*, e da revista *Veja* (Kostman, 2004) refletem essa realidade, na qual a questão é em torno da sobra de vagas: a cada cem vagas oferecidas pelas instituições particulares, 36 ficam ociosas. Esse resultado ocorre pelo número crescente de faculdades novas, comparado com o total de alunos ingressantes. Entre novembro de 2001 e julho de 2003, segundo dados do Instituto Nacional de Estudos e Pesquisas (Inep), 544 novos estabelecimentos de ensino superior foram autorizados a funcionar pelo Ministério da Educação (MEC), em uma proporção de quase um estabelecimento aberto por dia.

A resultante nas universidades particulares é uma política de reestruturação de mensalidades, a opção pela eliminação dos processos seletivos (vestibulares) e a reformulação nas grades curriculares dos cursos para adequá-las ao mercado de trabalho, além de investimentos em propaganda e marketing.

Outra reportagem da *Folha de S.Paulo* (Takahashi & Gomes, 2011) revela que a proporção de alunos que abandonam a faculdade no estado de São Paulo disparou em dez anos, subindo de 18% para 27%. O abandono do ensino universitário acontece de forma generalizada, afetando tanto instituições públicas quanto privadas. O portal para educação profissional Orientação Profissional – Empregabilidade – Empreendedorismo (OPEE) justifica que a evasão universitária tem como um dos fatores principais a falta de uma orientação profissional que dê condições ao aluno para escolher um curso que esteja em sintonia com seus anseios, não apenas por sucesso profissional, mas também por realizações pessoais.

É este o cenário em que se insere o presente livro, que tem o fenômeno da evasão universitária como ponto de partida e o estudo do redirecionamento de opção de carreira profissional como o elemento desafiador, em um caminho percorrido pelas autoras que culmina com o desenvolvimento de um procedimento clínico para auxiliar os alunos desistentes de seus cursos de graduação a reingressarem no ensino superior.

Segundo Lucchiari (2000, p. 27), é preocupante e assustador o número expressivo de evasão no ensino superior, em um Brasil que necessita de profissionais em todas as áreas e que não se pode dar ao luxo de tanto abandono:

18 • UNIVERSITÁRIOS EM PONTES

Numerosas pesquisas realizadas pelas universidades públicas têm demonstrado que é muito grande (35% a 40%) o número de jovens que abandonam seu curso universitário nos primeiros semestres. É também grande (25% a 30%) o número de estudantes universitários que realiza novo vestibular para trocar de curso, deixando uma vaga em aberto.

Dessa forma, a preocupação com a evasão universitária passou a ser uma preocupação do Ministério da Educação, que atribui a educadores, em especial, a psicólogos e pedagogos, para que articulem, através da orientação vocacional, o anseio do jovem e o curso escolhido. *Autoconhecimento*, visão empreendedora e orientações sobre tendências do mercado de trabalho são vertentes que devem ser dadas ao jovem, indo muito além da formação de alunos apenas para o vestibular. Uma meta que deve ser seguida para o aluno que está no ensino fundamental, no ensino médio, bem como no ensino superior.

Evasão escolar:
alguns antecedentes

Evadir-se da escola é um fenômeno que ocorre desde a primeira metade do século XX, mas que, segundo Patto (1990), pode ser contextualizado na temática do fracasso escolar a partir da era das revoluções no século XIX.

Por volta de 1850, as escolas eram privadas e, até 1870, o analfabetismo atingia um grande contingente da população. A Revolução Francesa e a Revolução Industrial provocaram nas as sociedades do século XIX importantes transformações no campo social, político e econômico, que incluíram o início do processo de democratização do ensino.

Em 1880, Jules Ferry institui na França a obrigatoriedade do ingresso da população na escola, independente do nível socioeconômico e cultural. Com a oficialização da escola, progressivamente foram surgindo os fenômenos do fracasso escolar e o da evasão, este último originalmente associado à realidade da repetência, em especial nos alunos das camadas mais pobres que apresentavam dificuldades de aprendizagem.

20 • UNIVERSITÁRIOS EM PONTES

Observamos esse contexto no Brasil no século passado, especificamente no final da década de 1970 e início da década de 1980, com a entrada semelhante de grande quantidade da população de baixa renda nas escolas, tornando mais evidente a dificuldade das instituições de ensino em lidar com as características desses alunos. Altos e progressivos índices de repetência só contribuíram para alimentar a evasão escolar, configurando um processo cujas dimensões acabaram mobilizando a atenção de cientistas sociais, psicólogos e outros pesquisadores na área de ciências humanas.

Estudos promovidos por Baudelot e Establet (1971), Althuser (1974), Bourdieu (1974) e Bourdieu e Passeron (1975) concentraram o foco na carência cultural e suas implicações sociais, com ênfase na ideologia e no papel do Estado como mentor do aparato ideológico e, assim, responsável maior pela iniquidade do sistema educacional. Nas duas últimas décadas, entendida a evasão como relacionada ao sistema socioeconômico e político, ganhou corpo a convicção de que avanços consideráveis poderiam ser obtidos com uma reformulação dos planos nacionais de educação, visando a uma melhor adequação dos ensinos médio e superior às realidades culturais e do mercado de trabalho no país.

Desde o início dos estudos em torno do fenômeno da evasão escolar, a atenção esteve voltada para os cursos básicos, hoje chamados de ensino fundamental e ensino médio. Atualmente, o Ministério da Educação possui diversos programas de combate à evasão nesses níveis de ensino, a exemplo do Programa Bolsa-Escola, um dos pioneiros, iniciado em janeiro de 1995, e do Programa de Garantia de Renda Mínima, lançado em dezembro de 1997. Outros programas têm utilizado os recursos da iniciativa privada, como é o caso do Programa Coca-Cola de Valorização Jovem. Contra a evasão escolar, o Programa Bolsa-Escola pretende atender a quase 1,5 milhão de crianças de 7 a 14 anos em todo o país, enquanto o Programa de Garantia de Renda Mínima, com um espectro mais amplo, por incluir também crianças de menos de 4 anos, indiretamente ajuda a combater a evasão, contribuindo no apoio econômico às famílias. Esses programas, segundo o Banco Mundial e o MEC, têm trazido não só benefícios às crianças, mas também às famílias como um todo, e têm contribuído para uma diminuição dos índices de evasão, especificamente no ensino fundamental.

A implantação de programas como os citados é muito recente e deveria também incluir estratégias que abrangessem a questão vocacional do aluno. Em 2004, o governo federal criou o Programa Universidade para Todos (ProUni), considerado o maior programa de bolsas de estudo da história da educação brasileira e, em 2005, implantou o Financiamento Estudantil (Fies), que financia 50% das mensalidades e é operacionalizado pela Caixa Econômica Federal. Ambos os programas contemplam a questão socioeconômica, indiretamente confrontando assim parte dos problemas de repetência e evasão escolar. Seu impacto, contudo, ainda está para ser constatado.

Uma das medidas que poderia auxiliar na questão da evasão universitária seria modificar ainda mais os vestibulares de ingresso, em especial nas instituições públicas. Pupatto (2000) sugere que esses processos seletivos possam ser segmentados, com questões específicas para cada área (humanas, exatas e biológicas), o que permitiria uma maior aproximação entre os conteúdos avaliados, a natureza dos cursos de ingresso e as características da identidade profissional do candidato.

A evasão no ensino
superior

O momento de ingresso na universidade tem se apresentado diante do jovem como caracterizado por uma crescente dificuldade de escolha, constatada por especialistas da área, na qual as autoras se incluem e que mobiliza o interesse de pesquisadores, como Leitão, Silva e Miguel (2000), Sbardelini (2001), Andrade, Braga, Hora e Aragão (2001), Bock e Bock (2005), Ribeiro (2005), Lehman (2005) Noronha e Ambiel (2006).

A evasão na universidade aumentou nas últimas décadas e a problemática se centraliza na incapacidade da tomada de decisão, na falta de critérios claros e bem fundamentados apoiando a escolha.

Qual carreira escolher e quanto custa a dedicação para atingir essa meta são indagações que, com frequência, geram crise e confusão entre os jovens, dificultando a definição de um caminho profissional com o qual possam se identificar.

García Hoz (1988) discute como a modernidade afastou as pessoas das questões existenciais e as consequências daí advindas.

24 • UNIVERSITÁRIOS EM PONTES

Assim, o mundo novo, ou o mundo que se renova a cada dia, atropelando muitas vezes valores e criando cacofonias, acabou comprometendo o que Hoz denominou de metafísica do indivíduo. O afastamento das próprias questões existenciais levou à negligência, ou mesmo à inexistência de critérios fundamentados no que poderia ser o verdadeiro interesse individual para orientar e sustentar ações ou decisões em um mundo que exige cada vez mais competências e habilidades competitivas.

As dificuldades do jovem moderno de tomar consciência de si mesmo, de deter-se na importância de um autoconhecimento constante, capaz de promover uma reflexão sempre presente das experiências vividas, entre outros aspectos, comprometem a descoberta de valores. A atitude consequente diante de situações que exigem decisões rápidas, como a do ingresso na universidade, é relativizar escolhas, sem aprofundamento nas razões das opções feitas e no que será vivido na carreira profissional, ou mesmo ao longo do próprio curso escolhido. O resultado acaba sendo o arrependimento, como demonstrou uma pesquisa com alunos de graduação da USP, coordenada por Maria de Lourdes Ramos da Silva, segundo a qual mais da metade dos jovens ouvidos não faria a mesma opção se pudesse voltar para o momento anterior ao da escolha (Silva, 1992).

A pressa, a falta de um conhecimento mais consistente e fundamentado dos próprios interesses e valores acabam cobrando um preço caro, gerando ou a desistência do curso ou a sua conclusão em circunstâncias frustrantes e inevitavelmente inadequadas a um ingresso convincente no mercado de trabalho.

À ambiguidade de valores, acrescentam-se as transformações do mundo atual, que Lipovetsky (2004, p. 16) aponta estarem apoiadas no seguinte tripé: mercado, indivíduo e escalada técnico-científica.

As análises tradicionais acerca do mundo moderno, tanto as de direita como as de esquerda, em geral, baseiam-se numa crítica similar: a autonomia prometida pelas Luzes (filosofia e cientismo do século XIX) teve por consequência última uma alienação total do mundo humano, submetido ao peso terrível destes dois flagelos da modernidade que são a técnica e o liberalismo comercial. A modernidade

26 • UNIVERSITÁRIOS EM PONTES

não apenas não conseguiu concretizar os ideais das Luzes que objetivava alcançar, mas também, ao invés de avaliar um trabalho de real libertação, deu lugar a um empreendimento de verdadeira subjugação, burocrática e disciplinar, exercendo-se igualmente sobre os corpos e os espíritos, passando a interferir diretamente sobre comportamentos e modos de vida, princípios como a saúde, a prevenção, o equilíbrio, o retorno da moral ou de religiões.

O autor discute ainda o culto à modernidade, que acaba estimulando a cultura do imediato, da mudança e da velocidade, com suas evidentes repercussões sobre a natureza humana (p. 57):

Na hipermodernidade, não há escolha, não há alternativa, senão evoluir, acelerar para não ser ultrapassado pela evolução: o culto da modernização técnica prevaleceu sobre a glorificação dos fins e dos ideais. Quanto menos o futuro é previsível, mais ele precisa ser mutável, flexível, reativo, permanentemente pronto a mudar, supermoderno, mais moderno que os modernos dos tempos heroicos.

Em função de nossa experiência como orientadoras profissionais, era comum perceber o desânimo e a baixa autoestima por conta da experiência frustrada frente a um curso que, a princípio, era considerado ideal ou até mesmo perfeito e que a vivência fez transformar em decepção total. Acrescentam-se, ainda, a constatação de certo grau de ansiedade nesses jovens gerado por fatores como pressão dos pais e consequentes sentimentos de inadequação, ao serem comparados com outros colegas que se adaptaram à universidade e aos cursos nos quais ingressaram.

Tais comentários apontam para uma nítida falta de informação, de consistência, uma espantosa carência de critérios necessários à fundamentação de escolhas que inevitavelmente trazem consequências a longo prazo, como já referido. Apontam também

28 • UNIVERSITÁRIOS EM PONTES

para uma dolorosa insegurança existencial. Terminado o ensino médio, o que muitos jovens acabam vivenciando no início de sua idade adulta é desmotivação e dúvida em relação à capacidade pessoal, devido ao fato de terem ingressado em uma universidade e não terem dado continuidade ao curso de graduação que acreditavam, inicialmente, ser a melhor opção.

Estariam esses jovens atendidos pelas autoras em sofrimento psíquico em consequência do fenômeno da hipermodernidade, como definido pelo filósofo e sociólogo francês Gilles Lipovetsky em sua denúncia da alienação do mundo humano? Acreditamos que sim! Os desencontros entre as pessoas atendidas e os cursos de graduação estavam instalados nesses grupos que decidiram pela evasão da universidade, e isso não surgiu do nada. Os conflitos para tomar a decisão inicial diante da urgência sentida para ingresso na universidade e a própria pressão frequentemente desmedida desse sentimento de urgência são eloquentes e refletem a que ponto as questões humanas são negligenciadas e, mesmo, não incluídas nesse percurso.

Vemos, assim, como a compreensão da evasão também passa de modo significativo pela questão da identidade profissional, processo que inclui quem é a pessoa desse jovem que terá que escolher o que deseja ser e com que consistência e significado irá caminhar para a realização desse objetivo.

Segundo o dicionário Aurélio (Ferreira, 1986, p. 913), identidade é "qualidade de idêntico, o conjunto de caracteres próprios e exclusivos de uma pessoa: nome, idade, estado, profissão, sexo, defeitos físicos, impressões digitais etc.".

Desde o nascimento e em movimento contínuo, o ser humano está numa constante busca da identidade individual, grupal e social (Zimerman & Osorio, 1997). A partir de cada escolha, configura-se a vida pessoal. A escolha profissional incide no modo como o jovem irá construir sua história e a maneira pessoal de relacionar-se com o que vai recebendo e, portanto, com o que lhe foi dado e obtido. Nesse processo de construção da própria história e de definição de sua identidade, a identidade profissional terá decerto um peso determinante. A evasão da universidade é um fato que interrompe e adia temporariamente essa evolução.

A identidade profissional é a personalidade profissional de uma pessoa, resultante do efeito interativo das características comuns de suas imagens profissionais.

30 • UNIVERSITÁRIOS EM PONTES

Lemos (2001, p. 11) aborda a questão da identidade profissional de duas formas, isto é, como identidade externa e identidade interna:

> [...] os jovens realizam as escolhas profissionais mais voltadas para ganhos narcísicos, mais pautadas em referenciais externos e menos ao encontro das aspirações e desejos (62,5%), e só 37,5% realizam escolhas profissionais mais autênticas, onde buscam conciliar aspectos pessoais às limitações impostas pela realidade.

Ampliando essa afirmação, Castells (2002, p. 23) comenta que essas identidades constituem fontes de significado para os próprios indivíduos e são por eles originadas e construídas por meio de um processo de individuação. Observa que essas identidades são também fontes mais importantes de significado do que os papéis que representam, devido ao processo de autoconstrução e individuação que envolvem. Ressalta ainda que "em termos mais genéricos, pode-se dizer que identidades organizam significados, enquanto papéis organizam funções".

Lassance (1997) aponta quatro fases distintas na relação entre o aluno, a escolha e o curso. A primeira fase seria de entusiasmo pela vitória no vestibular, o ingresso na universidade e a expectativa com o início da formação. A segunda fase seria a de decepção com o curso, os professores, a instituição, as condições de aprendizagem e preocupações com uma possível reavaliação da escolha profissional. A terceira fase mostra o aumento do interesse na continuidade do curso, com engajamento em atividades acadêmicas. A quarta e última fase é a da proximidade com o término do curso, produzindo expectativas para o início da atividade profissional, tendo como ponto básico a qualidade das atividades exercidas e a avaliação da formação. Pode-se perceber, portanto, a partir dos dados desse estudo, que a segunda fase é a mais crítica, pois corresponde ao momento propriamente dito do abandono e, consequentemente, da evasão.

Em nossa experiência clínica, os jovens atendidos que chegaram a essa segunda fase entraram em conflito com o sentimento de autorrealização, idealizado no início da vida universitária, até que sobrevêm a decepção e

32 • UNIVERSITÁRIOS EM PONTES

a decisão de ruptura com o curso, comentada a seguir.

A satisfação com a vitória representada pela entrada na universidade, em especial com relação aos cursos de maior concorrência para o ingresso, o sentimento de sucesso e a expectativa de novas perspectivas de realização profissional são progressivamente substituídos pela insegurança e insatisfação tanto pessoal como com relação ao curso escolhido. As associações verbalizadas nos atendimentos tinham como cenário um "ainda não", um constante vir a ser e até desabafos sobre o que "os outros conseguem". Em síntese, um pano de fundo com um conflito existencial pela perda e até pela impossibilidade de encontrar quer um caminho, quer uma maneira de ser caminhante no rumo profissional em que estavam. A saída da universidade e essa condição psicológica eram fatos concretos nesses jovens, uma barreira de difícil transposição para a pretendida realização profissional e existencial, pois já não dava para separar uma da outra.

Temos, assim, na complexa rede de significados da evasão escolar, a dolorosa faceta dos caminhos truncados, as implicações ideológicas, psicológicas, os condicionantes culturais e as determinações econômicas que inevitavelmente espelham sobre o jovem um preocupante lado vulnerável dos tempos atuais. Uma rede tão intrincada que tem desafiado a capacidade de intervenção da sociedade para o jovem lidar melhor com essa questão.

"O encontro da ponta do fio dissimulada na confusão do novelo", como bem argumenta Luft (2004, p. 42), não deve ser por nós evitado. Com certeza, puxando pela ponta, tudo se desmonta e as causas da evasão vêm mais à tona, incluindo as de ordem socioeconômica e cultural. Acreditamos que a ação pode ser positiva, especialmente porque acabará possibilitando aos jovens em questão um recomeço a partir de uma nova organização de sua estrutura interior, mais autêntica do que nessa em que se fundamentaram por ocasião do ingresso na universidade.

Torna-se evidente que o estudo da evasão em universitários pode incluir características que se enquadrariam em um leque amplo de causas. Na literatura levantada, destacamos algumas pesquisas que têm por base a autopercepção como critério, descritas a seguir.

Miranda (1989) realizou uma pesquisa qualitativa de análise de conteúdo de respostas a um questionário aplicado em estudantes de enfermagem da Universidade Federal do

Rio de Janeiro (UFRJ), cujo objetivo maior foi identificar causas que culminaram em evasão. Obteve os seguintes resultados: informações imprecisas ou quase nulas acerca da profissão no ensino médio; excessiva carga horária; rigidez disciplinar da faculdade; pouca autonomia profissional; e percepção de engano pessoal na escolha da profissão. As causas se centraram na decepção com o curso, quer por falta de conhecimento sobre ele, quer pela sua estrutura e organização didática-pedagógica.

A carência de informações aos alunos, desde os ensinos fundamental e médio, é uma variável que pode facilitar a evasão na universidade, como também aponta Gondim (2002), ratificando um dos resultados de Miranda (1989).

Já Moromizato (1992), em sua pesquisa de campo para contribuição à política de fixação dos profissionais da saúde na região de Itapecerica da Serra, buscou estudar as causas da evasão de profissionais das áreas médicas, de enfermagem e de farmácia. Obteve os seguintes resultados, baseados em entrevistas de ex-funcionários do Serviço Estadual de Saúde, entre 1987 e 1990: distanciamento entre o ensino e a realidade da prática profissional, gerando insatisfação, sobretudo, com a baixa remuneração; pouca possibilidade de aperfeiçoamento profissional; inexistência de um adequado plano de carreira; insuficiência de recursos técnicos. Esses resultados foram corroborados na pesquisa de Secaf e Rodrigues (1998) sobre enfermeiros que deixaram de exercer a profissão no estado de São Paulo.

É interessante ressaltar que as pesquisas citadas têm como um dos resultados a percepção de um distanciamento entre o aprendizado na graduação e a prática profissional, desconexão esta já destacada e que corresponde ao distanciamento entre o projeto pedagógico do curso e a realidade do mercado de trabalho. Esse é um fato importante quando as causas do fenômeno da evasão estão em pauta.

Um resultado semelhante foi constatado por Gondim (2002) em uma pesquisa com treze grupos participantes compostos de dois a seis estudantes de 26 cursos de graduação. A pesquisa objetivou investigar as expectativas de inserção futura no mercado de trabalho em alunos concluintes.

Submetendo os resultados às técnicas de análise de conteúdo, a autora concluiu que, na percepção da maioria da amostra, o despreparo profissional estaria relacionado à qualidade dos estágios curriculares, avaliados como inadequados e insuficientes por estarem distantes da realidade exigida para a atuação prática.

Lapo e Bueno (1995) analisaram as causas do abandono do magistério público na rede de ensino do estado de São Paulo, no período de 1990-1995. Os autores tabularam as respostas sobre as histórias de vida profissional e os motivos de evasão nos dados de um questionário elaborado para esse fim e enviado a 158 professores.

Os resultados indicaram que, além dos baixos salários e da avaliação de precárias situações de trabalho, a insatisfação e a percepção de desprestígio no exercício profissional foram indicadas como causas da decisão que determinou a evasão da profissão.

Os autores também pesquisaram a história pessoal de dezesseis ex-professores que indicaram como causa do abandono do emprego a frustração em não estabelecerem vínculos satisfatórios com a própria instituição de ensino, com as pessoas, com os instrumentos e os recursos disponíveis para o exercício profissional. Assim, pode-se dizer que a evasão foi uma consequência da ausência parcial, total ou do relaxamento nesses vínculos, quando o confronto entre a realidade profissional vivida com a idealizada não foi condizente com as expectativas desses professores. As diferenças entre essas duas realidades não são passíveis de conciliação, impedindo as adaptações necessárias e provocando desmotivação e distanciamento da instituição e/ou da profissão em si.

Dessa forma, mostra-se pertinente a realização de estudos que possam explorar e que busquem identificar ainda mais as causas da evasão para, posteriormente, estruturar um trabalho de caráter preventivo junto aos iniciantes em cursos universitários. Não há dúvida de que a orientação profissional com os jovens é fundamental, principalmente na época atual em que se dilui o conhecimento do que é uma profissão e se focaliza na carreira profissional. Em matéria publicada no *Jornal da Tarde* de 15 de setembro de 1999, Lehman já destacava esse fato, indicando que o conceito de profissão estava sendo substituído pelo de ocupação. Macedo (1998) também concorda com essa posição. Nesse sentido, recomendamos as obras de Lehman (1988, 2005) para um maior aprofundamento desse enfoque.

Werbel (2000) também observa que uma das causas da evasão universitária é decorrente da falta de vinculação entre teoria e prática no processo de formação superior. Os jovens que conhecem de forma detalhada o mercado de trabalho de opção conseguem percorrer um caminho efetivo de emprego, pois identificam mais racionalmente o que estão sendo considerados pré-requisitos no mercado com as habilidades pessoais que dispõem.

Nesse ponto, a discussão pode avançar dirigindo-se o foco para a questão crucial da qualidade do autoconhecimento desses jovens, inclusive das habilidades e competências pessoais previstas para o futuro exercício da profissão, da mesma forma que de sua identidade profissional como um todo.

Para os que atuam na área de orientação vocacional e profissional há ainda outro foco de atenção: os ingressantes nas universidades que apresentam perfil distinto do mais usual nos cursos de graduação, ou seja, o dos profissionais que retornam à faculdade ou, ainda, de adultos iniciando um curso superior.

De acordo com matéria da revista *Veja* (Barella, 2006), dados do Instituto Brasileiro de Geografia e Estatística (IBGE) apontam para um aumento do número de alunos em universidades brasileiras com idade acima de 40 anos. Isso nos mostra que, perante um mercado de trabalho em constante transformação, os integrantes do mercado de trabalho ou desempregados reingressam nas universidades, agregando-se a novos cursos ou, simplesmente, iniciando sua primeira faculdade.

Outra variável importante está no aumento da expectativa de vida dos brasileiros e, com isso, no desejo de ampliar a trajetória profissional, assim como fortalecer e/ou reciclar suas carreiras, fazendo com que o ingresso nas universidades represente um dos caminhos a serem percorridos até o final. Aqui, ao contrário do grupo pesquisado, a resultante não é mais uma fonte de frustração, tendo a evasão como penoso desfecho. Os cursos são concluídos.

Quando a temática é evasão universitária, não podemos ainda ignorar o que Dowbor (1996) denomina de confluência entre as instituições de ensino, as empresas e a comunidade.

A evasão e a vertente social: a queda no limbo

A evasão também apresenta uma importante vertente social, já que acarreta a ruptura do indivíduo com a comunidade na qual se inserira, a comunidade criada pelo curso de graduação, com sua especificidade e seu contexto histórico dentro da instituição de ensino escolhida.

Os alunos que abandonam as universidades de ingresso, na experiência de acompanhamento profissional conduzida pelas autoras, pareciam se sentir confusos por não pertencer mais a esse lugar conquistado após o vestibular, como se tivessem perdido um território e a integração vivenciada na universidade, conjunto este que determinava códigos ou símbolos de um novo grupo social, configurando nova forma de ser e estar no mundo, a que renunciam com a evasão.

Os alunos que se desvinculam do curso de graduação estão como que excluídos dessa ordem que corresponde à cultura do grupo formado (Fernandes, 2004).

A evasão, no que se refere à relação entre indivíduo e sociedade, é geradora de medo e angústia para o jovem, que se sente sem um lugar e um espaço para suas manifestações pessoais. A universidade e o curso de graduação configuram o cenário dessas expressões.

Os alunos que se desligam da universidade são os que se excluem de um grupo social composto pelas pessoas que ingressaram no ensino superior, tanto mais significativo quanto mais concorrido o ingresso. Perdem um lugar social com valores, crenças e atributos próprios, definidos pelo perfil do curso e da carreira profissional na qual estariam inseridos.

Aqueles que se evadem ingressam em uma espécie de limbo, com um sistema de significação e representação cultural bem distinto do anterior. Há uma identidade profissional confusa, consequente de perdas temporárias, como as da autossuficiência e a capacidade de decisão, da interação com o próprio contexto social mais amplo, em função do grupo sociocultural definido pela especificidade do curso que estava sendo frequentado. Há, também, o esvaziamento de uma pessoa que podia progressivamente vivenciar uma identidade mais ampla e atender às exigências da própria sociedade pós-moderna que impõe uma modificação constante: no curso, havia a perspectiva clara de mudança, de ano, de *status,* de visão do mundo, trazida por novas perspectivas intelectuais. Essa discussão pode ser ampliada com base nos estudos de Hall (1996).

Dessa forma, a evasão também traz à tona a dimensão, mais ampla e ainda pouco estudada, das relações do indivíduo com a estrutura social e sua influência nas questões de adaptação, identidade, representação social e liberdade de escolha. Em suma, o que acontece quando esses dois mundos – o microcosmo individual e o macrocosmo da sociedade globalizada de hoje – se encontram, e quais os fatores que acabam provocando rupturas e uma adaptação ineficaz, ampliando-se o foco do binômio aluno-universidade.

Conforme Santos (1994, p. 12):

Paradoxalmente, o mundo de hoje globaliza lugares e obriga um rearranjo de fronteiras. Com a reestruturação do espaço, cria-se uma nova geografia (econômica, política etc.) da globalização e há a emergência de uma nova família de lugares.

44 • UNIVERSITÁRIOS EM PONTES

Fernandes (2004) concorda que esse rearranjo é a metáfora da perda de marcas identificatórias que garantem o laço social das pessoas entre si com as instituições e nas famílias. O autor afirma que a incoerência, a incompreensão e a falta de garantia levam o indivíduo à fragmentação social. Essa reflexão promove a compreensão do "movimento contínuo da vida e a construção permanente de modos de viver, de práticas do viver, que têm uma velocidade, um tempo, impossíveis de se apreender" (Fernandes, 2004, p. 76).

De acordo com Bauman (2001, p. 36), a sociedade do século XXI é considerada como a mais moderna, apesar de não o ser, se comparada ao contexto da sociedade do século XX. O que existe de diferente é a sua insaciável sede de destruição criativa, isto é,

> [...] de limpar o lugar em nome de um novo e aperfeiçoado projeto, de desmantelar, cortar, defasar, reunir ou reduzir, tudo isso em nome da maior capacidade de fazer o mesmo no futuro – em nome da produtividade ou da competitividade.

Esse desmantelamento leva o ser humano a mover-se não pelo adiamento da satisfação, mas pela impossibilidade de alcançá-la. Como tudo é muito rápido, o tempo da apreciação do esforço e do momento da autocongratulação se perde, quer no ato da sua realização, quer depois, ou, até mesmo, antes. Mover-se é o que parece importar. Garantir produtividade é o que parece mobilizar a atenção.

Em concordância com o pensamento anterior, encontramos Aubert (2003), que, ao constatar a mudança radical do tempo na vida das pessoas, mostra como a sociedade foi afetada, de forma profunda, na maneira de viver e de trabalhar, ao retratar o surgimento de um novo tipo de indivíduo: flexível, apressado, centro do imediatismo – e de identidade incerta e frágil.

Nós aqui, que desenvolvemos o estudo que culminou neste livro, acreditamos que as pessoas que abandonam a universidade estariam, assim, também refletindo as consequências da hipermodernidade, da aceleração da história e do encurtamento dos espaços, colocando-os em uma condição que Kristeva (1994) discutiu de forma marcante em sua obra, quando se refere ao fato de podermos ser estrangeiros de nós mesmos.

46 • UNIVERSITÁRIOS EM PONTES

Essa pressa, a cultura do desmantelamento e da não permanência a que se refere Bauman (2001), ou seja, a influência do social em cada um de nós, não deve ser negligenciada na orientação profissional, pois considerar essas questões quando se trata da realidade subjetiva individual pode ajudar a entender o estado de aflição e pressa de quem busca ajuda por não saber o que escolher.

Garrubo (2001) reflete como em alguns momentos de nossa existência ocupamos um lugar onde um papel de estrangeiro é desempenhado, mas não apenas no sentido social, como também nos sentidos geográfico, por ocuparmos um lugar concreto, como de um território, e cultural, pelo fato de esse lugar ter suas normas e valores que caracterizam seus ocupantes.

A propósito desse estado de ser estrangeiro, podemos citar Bhabha (2001) e sua metáfora da ponte. O abandono do curso coloca a pessoa como se estivesse em uma ponte, um espaço de passagem, onde poderá se autoanalisar e identificar novas metas para vida e trabalho futuros, lançando-o em um caminho que poderá percorrer de forma morosa ou apressada, com mais ou menos angústia, e no qual poderá reencontrar-se, perder-se ou permanecer no limbo. Essa imagem da ponte, utilizada também por Serres (1997) e Simmel (1988), mostra-nos um lugar simbólico onde o jovem que abandona a universidade se insere quase de forma automática. É um espaço que está situado no meio, entre as designações de uma nova busca de identidade profissional e o estado anterior, espaço este carregado de tensão por não pertencer a nenhuma categoria. Corresponde a uma geografia transitória até o alcance de uma nova marca identificatória.

A pessoa que se evade do curso de ingresso perde o que lhe foi antes atribuído e que correspondia à configuração do componente social de sua identidade como indivíduo e integrante de nova comunidade. A representação social enquanto universitário ingressante de determinado curso de graduação está assim interrompida (Spink, 1983).

O fenômeno da evasão universitária é multidimensional e, ao recortá-lo, não se minimiza a relevância do sociológico, econômico e histórico, mas nos remete, como ressalta Morim (1984), a um pensamento transdisciplinar diante do tema.

A evasão universitária
do ponto de vista psicológico

O autoconhecimento continua sendo o ponto-chave para a escolha vocacional. Somente a partir do conhecimento de quem realmente a pessoa é, de suas habilidades, interesses, capacidades e de seu modo de agir e atuar na sociedade, é possível visualizar o caminho condizente com os ideais de uma profissão (Silva, 1992). A vocação seria o contexto mais amplo no qual uma escolha profissional pode ser compreendida, podendo transcender o nível ocupacional.

O que determina a identidade profissional/ocupacional é a identidade vocacional. A identidade vocacional é regulada por processos inconscientes, enquanto a identidade profissional é regulada por processos conscientes. De acordo com a teoria psicanalítica, do ponto de vista kleiniano, a carreira que escolhemos seria depositária exterior dos objetos internos que pedem para ser reparados pelo ego.

Pelletier (1985) considera a escolha profissional como uma expressão da personalidade, embora ressalte a importância de olharmos as

50 • UNIVERSITÁRIOS EM PONTES

características da ocupação em questão, para melhor compreendermos traços psicológicos de uma pessoa. Voltolin (1999) discute a importância da integração do indivíduo e da profissão, quando lidamos com a questão da escolha profissional. Conforme assinalou Bohoslavsky (1977), a pessoa que escolhe uma carreira também está escolhendo com que trabalhar e definindo quem vai ser. Portanto, tem que se basear em si mesma. O autoconhecimento é, assim, um aspecto de fundamental importância para o delineamento de uma opção de carreira.

A questão pessoal tem na identidade, portanto, um dos eixos centrais que norteiam a escolha profissional. Como discute Ricoeur (1990, p. 200), "é na escala de uma vida inteira que o si busca identidade". Diante do atual mercado de trabalho, os processos psíquicos são fundamentais para um melhor conhecimento das dificuldades encontradas pelas gerações atuais na constituição dessa identidade como um todo e, em particular, na individual (Lemos, 2000).

Em 28 de setembro de 2005, a Agência Estado, em parceria com a Fundação Instituto de Administração (FIA), em São Paulo, promoveu o VI Painel Agência Estado & Carreiras. A professora Tânia Casado proferiu a palestra sobre o tema do autoconhecimento na gestão da carreira, destacando a importância das características estruturais de personalidade e sua relação com os valores das organizações empresariais para um melhor equilíbrio e sucesso na trajetória profissional.

Se aliar a personalidade com valores da empresa é um desafio constante do profissional, como destaca a docente, o autoconhecimento da pessoa ingressante no ensino superior tem a sua importância ratificada.

Tanto o aluno quanto a universidade estão fazendo uma escolha e, portanto, há um processo recíproco nesse ingresso (Bayer, 1987) que também auxilia na compreensão da evasão. O enfoque nos aspectos de personalidade do aluno é de fundamental importância quer na compreensão dos motivos da escolha do curso e seu ingresso, quer no momento da evasão.

Em um estudo com alunos dos últimos anos dos cursos de graduação da USP, Silva (1990) concluiu que parte das dificuldades de adaptação escolar era consequente de uma opção profissional que considerou transitória e circunstancial e, em muitas ocasiões, prematura dos estudantes, refletindo, assim, amadurecimento insuficiente tanto no que se refere ao autoconhecimento como na questão das oportunidades vocacionais existentes.

Destacamos algumas pesquisas levantadas na literatura especializada que relacionaram fatores de personalidade e escolha profissional por meio do Teste de Rorschach, que tem reconhecimento internacional como um teste psicológico que objetiva o estudo dos aspectos estruturais da personalidade.

Bellodi (1999) procurou caracterizar e comparar os traços de personalidade de médicos residentes das especialidades de clínica e cirurgia por meio de entrevistas e do Teste de Rorschach. Os resultados mostraram que os clínicos são mais tranquilos, imaginativos, detalhistas e oposicionistas, interessados no contato interpessoal e menos agressivos. Por isso, tendiam a escolher a especialidade progressivamente ao longo do curso. Já os cirurgiões foram mais rápidos, impulsivos, extrovertidos, racionais, ambiciosos e agressivos, menos interessados no contato interpessoal e, por isso, tendiam a escolher mais cedo a especialidade justificando a escolha por gostarem de uma atividade prática, com resultados imediatos e de atividades manuais. Uma das conclusões do autor aponta para a importância do estudo das características pessoais do médico e sua relação com a opção da modalidade na residência.

Rossetto et al. (2000) avaliaram as características psicológicas em oitenta estudantes do terceiro e quarto anos de em curso de medicina da cidade de São Paulo, pelo Teste de Rorschach (sistema Silveira). Os dados obtidos indicaram conflitos nas relações interpessoais, contato tenso, ansiedade, irritabilidade com reações afetivas egocêntricas e impulsivas, bem como instabilidade na atenção, percepção subjetiva e julgamento parcial dos fatos. Há, portanto, um conjunto de características mais frequente nessa amostra de estudantes e que definiria um perfil de personalidade no contexto acadêmico.

Os resultados apresentados permitem ainda ratificar as discussões de Loehin et al. (1998) quanto à associação entre fatores de personalidade e interesses profissionais. Os autores ressaltam a importância dos traços herdados nessa relação, de tal forma que destaca o quão fundamental é a inclusão dos aspectos psicológicos nos estudos sobre vocação e escolha profissional.

Feij et al. (1999), por meio de um estudo longitudinal do desenvolvimento vocacional em jovens trabalhadores e tendo por base a teoria da congruência de Holland (1975), obtiveram como resultado que os jovens

54 • UNIVERSITÁRIOS EM PONTES

trabalhadores com personalidade congruente, interesse vocacional e percepção de habilidades desenvolveram-se muito mais no ambiente de trabalho do que os jovens com estrutura de personalidade incongruentes e que estavam insatisfeitos com o trabalho, mas o suportavam. Levantaram uma hipótese de que a incongruência seria um fator positivo para a mudança de trabalho e negativo para a insistência nele, mas a hipótese não foi confirmada.

As pesquisas destacadas não se referem à evasão propriamente dita, mas estão centradas no ingresso do aluno no ensino superior e nas características de personalidade deles.

Este livro tem como objetivo levar conhecimento ao leitor, em especial ao psicólogo orientador profissional, sobre essa via instigante de ampliação desse conhecimento e particularmente necessária diante da modernização da sociedade que torna cada vez mais imperativa a avaliação da personalidade e do comportamento de forma precisa, como pode ocorrer com os testes psicológicos (Pasquali, 2001). Tudo isso se concretizou por meio de uma pesquisa de doutorado, que teve como objetivo estudar o fenômeno da evasão universitária e o redirecionamento de opção de carreira profissional por uma avaliação psicológica.

O enfoque nos aspectos de personalidade que poderiam ampliar a compreensão dos motivos pelos quais uma pessoa desiste de um curso universitário não foi devidamente considerado pelos pesquisadores e profissionais da área. As pesquisas destacadas enfatizam o perfil dos alunos que cursam a universidade e não desistiram dos cursos.

Apenas na década de 1990 houve um maior interesse em pesquisas sobre traços de personalidade aplicados às questões ocupacionais e de mercado de trabalho (Fruyt & Mervielde, 1999), atribuindo à avaliação psicológica um novo lugar nos estudos sobre essa questão, na qual se inclui a evasão universitária e o reingresso na universidade.

A escolha profissional: ponto inicial para a efetiva trajetória profissional

O fenômeno da evasão no ensino superior, como já discutido, remete-nos à questão da escolha profissional, etapa de fundamental importância no processo de inserção de uma pessoa no mercado de trabalho.

O termo "escolha", segundo o dicionário Aurélio (Ferreira, 2004, p. 688), é "o ato, operação ou efeito de escolher". É a preferência ou eleição de algo. Quando falamos em escolha profissional, queremos dizer a liberdade que a pessoa deve ter de decidir, "mas através da compreensão dessa liberdade, como superação dos determinismos" (Pimenta, 1979, p. 125).

Com a evolução no mundo do trabalho e na própria sociedade, há transformações nos padrões de comportamentos das pessoas que devem estar contempladas integralmente nos procedimentos em avaliação psicológica, para o acompanhamento de tais mudanças. Da mesma forma, a visão do indivíduo no processo de escolha profissional também se modificou. O método psicométrico clínico tradicional em orientação vocacional e profissional, baseado unicamente em testes de interesses e de aptidões, por exemplo, tem que ser necessariamente ampliado para contemplar essas evoluções.

Historicamente, a carreira era um processo cumulativo através do qual o indivíduo se movimentava ascendentemente na estrutura das organizações. Com o seu crescente achatamento e o decréscimo do número de oportunidades profissionais, as carreiras têm sofrido as consequências de ciclos de emprego e desemprego, gerando uma descontinuidade permanente, fazendo com que o indivíduo perceba que a tarefa de viver uma profissão nunca se conclui, como discute Luft (2004).

Luzzo e Mac Gregor (2001) apresentam em artigo uma série de testes psicológicos utilizados para a avaliação de carreira, com destaque para os estudos de validação deles.

Pode-se, então, considerar que a transformação da sociedade atual e o universo da escolha profissional passaram para além da busca de informações e do ajuste ao dom ou à vocação.

O indivíduo passou a ser visto como parte de um conjunto sistêmico, em que

> *variados aspectos se mantêm inter-relacionados: indivíduo X desenvolvimento intrapsíquico X realidade e imaginário familiar X inserção de classe (Dias, 1995, p. 71).*

Sennet (1999, p. 9) apresenta o seguinte conceito de carreira:

> *Carreira, por exemplo, significava, originalmente na língua inglesa, uma estrada para carruagens, e acabou sendo aplicada ao trabalho, como um canal para as atividades econômicas de alguém durante a vida inteira. A palavra **job** (serviço, emprego), em inglês do século XIV, queria dizer um bloco ou parte de alguma coisa que se podia transportar numa carroça de um lado para outro. Hoje traz de volta esse sentido arcano de **job**, na medida em que as pessoas fazem blocos, partes de trabalho, no curso de uma vida.*

60 • UNIVERSITÁRIOS EM PONTES

As carreiras no mundo moderno do trabalho têm sido chamadas de "sem limites" (Arthur & Rousseau, 1996) e, dentro das organizações, elas não mais existem nos moldes tradicionais na opinião de alguns especialistas como Hall (1996).

Sekian et al. (1993) definem carreira como um conjunto de atividades levadas a cabo por uma pessoa para prosseguir o seu caminho profissional, dentro ou fora das organizações, de modo a atingir um nível crescente de competência. Esses autores já contemplam o fato de as carreiras estarem assim ampliadas, excedendo o âmbito das atividades funcionais propriamente ditas.

A mudança nos limites das carreiras revela-se, na prática, de muitas formas. É mais comum e aceitável, por exemplo, que um profissional esteja em transição, sozinho, explorando novas opções ocupacionais e decidindo o que fazer em seguida. No passado, provavelmente descreveríamos essa condição como a de uma pessoa sem trabalho.

Notamos um enorme aumento de autoemprego, contratação independente, consultores privados, empresas de autônomos, sendo a força impulsionadora o desejo pessoal de sucesso, constantemente reforçado pela competitividade imposta pelas características do mundo moderno. Assim, embora haja menos segurança oferecida por uma instituição, existe mais liberdade e oportunidade de estar em uma carreira, criando-se essa garantia por meio das habilidades pessoais e da capacidade continuada de aprender (Hall & Mirvis, 1996). Essas características substituem a segurança anterior no emprego, como também discute Pemberto (1995), e impõem às pessoas o exercício de uma grande responsabilidade para o desenvolvimento das próprias carreiras.

Sendo o trabalho um valor em via de extinção, na conceituação clássica, como enfatizam Rifkin (1997) e Méda (1999), os problemas da carreira e da escolha profissional colocam-se inevitavelmente em novos moldes, dada a sua aparente ruptura com o ponto central na estrutura socioprofissional de uma pessoa que tinha a atividade profissional essencialmente como fonte de renda, meio de subsistência, e não como agora, de forma mais desenvolvimentista e abrangendo múltiplas facetas da formação pessoal, como discute de forma pormenorizada Campos (2006) em sua tese de doutorado sobre o tema da empregabilidade. Na tese, a autora aponta como em diversos países há a implementação de ações que visam aumentar a empregabilidade de sua população, devido à necessidade, por parte das pessoas, de se preparar para o enfrentamento a esses novos tempos.

Os elementos disponíveis, como ressalta Arbona (1966), já indicavam desde a metade do século XX a necessidade de novos paradigmas que diminuíssem a importância do estudo das carreiras, voltando assim a atenção para a vida das pessoas, sendo a escolha profissional uma das facetas desses contextos. As evoluções no mundo do trabalho e da própria sociedade proporcionaram mudanças no padrão de comportamento das pessoas que progressivamente precisam estar contempladas no procedimento de avaliação psicológica (Almeida, 1999).

O ato de escolher uma carreira remete o indivíduo à questão de sua própria identidade, característica psicológica mais ampla e que inclui a vocação, e não delimita a escolha a um só aspecto (Lassance & Oliveira, 1997). O gerenciamento da própria carreira para um melhor caminho profissional é mais um elemento importante a ser considerado por quem a escolhe (Romaniuk & Snart, 2000).

Os traços de personalidade são relevantes desde o momento da decisão da escolha da carreira profissional, e estudá-los no contexto da evasão universitária tem a sua importância consolidada.

Autores como Castaño (1983) e Gonzáles e Valentin (1996) reforçam os enfoques que sustentam essa questão e que estão ainda integrados com certas variáveis motivacionais no tocante à escolha da carreira: ansiedade, autoestima, autocontrole, introversão, extroversão e perseverança. Os autores concluem que o tipo de personalidade é a variável moderadora do êxito profissional.

Lehman (2005) também destaca a importância do autoconhecimento para a escolha de uma profissão. Neiva (2003) enfatiza o grau de maturidade emocional como aspecto decisivo na opção de uma carreira. Ambos confirmam que o autoconhecimento facilita a busca de áreas profissionais mais adequadas ao perfil individual, com consequente aumento do nível de satisfação com o trabalho. Esse resultado também é corroborado por Alberto (2000).

Em um estudo exploratório, Passarelli (1990) pesquisou como ocorre o processo de escolha profissional utilizando como amostra nove homens e uma mulher, com idades entre 36 e 47 anos, que atuavam na área de informática e ocupavam posições de supervisão em *software*. Os sujeitos pesquisados ingressaram na profissão no final da década de 1960 e início dos anos 1970.

64 • UNIVERSITÁRIOS EM PONTES

Passarelli utilizou como instrumentos um questionário e um roteiro de entrevista, com o intuito de levantar dados pessoais, de ingresso e desenvolvimento da carreira, informações sobre a trajetória profissional e da avaliação de carreira propriamente dita.

O autor aponta como resultado a importância do acompanhamento detalhado da caracterização da trajetória profissional das pessoas pesquisadas, visando a compreensão dos motivos e das motivações da escolha, com o propósito de se obter uma visualização mais ampla do processo de decisão e a sua relação com o desenvolvimento posterior da carreira escolhida.

Em uma pesquisa com estudantes de medicina, Gasperi e Jesus (1995) examinaram em alunos do primeiro semestre do curso de uma universidade na Venezuela os fatores que intervieram na escolha da carreira. Como instrumento, utilizaram um estudo descritivo composto por um questionário por eles elaborado.

Verificaram que 22% dos alunos tinham seus pais com profissões relacionadas à saúde e, particularmente, à área da medicina, em um total de 40%.

Os fatores relacionados às características de personalidade e inclinações vocacionais, associados ao cumprimento de metas originárias da infância, foram as indicações mais frequentes da escolha do curso e da futura carreira. Convém ainda destacar que todos os alunos pesquisados tinham nível socioeconômico alto.

Rosa e Santos (2001) estudaram a relação entre a especialidade profissional pretendida e os estilos de aprendizagem em uma amostra de estudantes de medicina do quarto ano de duas universidades particulares de São Paulo. Os instrumentos utilizados foram o Inventário de Estilo de Aprendizagem de Kolb e um questionário complementar elaborado pelos autores.

A clínica médica (27,5%) foi a especialidade mais escolhida, seguida da clínica cirúrgica (15,5%). Quanto aos estilos de aprendizagem, os do tipo assimilador (39%) e convergente (36%) foram os mais indicados, dentro dos quatro diferentes empregos das demandas do Inventário de Kolb, que são: divergente, assimilador, convergente e acomodador. A Teoria da Aprendizagem Experiencial de Kolb (1997) pressupõe que, na estrutura do conhecimento das várias disciplinas, são empregadas diferentes demandas da aprendizagem que levam ao desenvolvimento de estilo próprio de investigar e criar o conhecimento. Em cada uma, o indivíduo constrói uma maneira particular de interagir com o mundo e de enfatizar sua competência para uma efetiva conquista do conhecimento, sendo que a competência adquirida tende a aglomerar ao redor de si diferentes modos de aprender, o que resulta no que denomina de "estilo preferencial de aprendizagem".

Os resultados da pesquisa indicam a relevância do estudo dessas variáveis, associadas às características pessoais, como importantes para a escolha da especialidade profissional dentro da carreira médica.

Bosi e Elias (2000) desenvolveram uma pesquisa com o objetivo de conhecer o perfil de formados no curso de psicologia de uma universidade de Campinas, quanto aos motivos que os levaram à escolha da carreira.

A amostra total foi composta por 129 psicólogos e dois instrumentos foram utilizados: um de natureza descritiva, aplicado em 112 deles, e outro de caráter interpretativo, sendo entrevistados dezessete participantes.

Com mais frequência, a escolha da profissão foi devido à necessidade de busca de um novo caminho e a experiências pessoais anteriores ao ingresso na graduação, quer por meio de serviços de psicologia, quer de vivência pessoal em psicoterapia.

As pesquisas descritas mostram como a rede de variáveis que interfere na escolha de uma carreira profissional é ampla, e é importante que aqueles que atuam em orientação profissional possam ter ciência delas, conforme apontam Dias (1995) e Sennet (1999).

Destacamos quatro aspectos importantes desse leque maior referente à escolha profissional, tendo por base a experiência clínica das autoras:

1. o da pessoa que escolhe: que requer um autoconhecimento dos traços de personalidade, na medida em que eles podem indicar o seu jeito de ser e a maneira como se comporta na vida e diante das escolhas e dos vínculos que estabelece;

2. o do mercado de trabalho: que requer que a pessoa ingressante no curso superior tenha conhecimento do avanço das novas tecnologias e habilidades progressivas para ajustes constantes na futura carreira, a partir da aprendizagem contínua de novos conhecimentos e habilidades, como também salienta Cocco (1999) e Civelli (1998);

3. o das possibilidades individuais de escolha: que dependem do nível socioeconômico, das oportunidades educacionais pregressas, do *background*

68 • UNIVERSITÁRIOS EM PONTES

cultural e das oportunidades para um treinamento especializado;

4. o das condições de empregabilidade futura: que se referem ao conjunto integrador das características, habilidades, atitudes esperadas e qualificações acadêmicas, vocacionais e específicas de trabalho, para que o profissional em curso desenvolva qualidades diferenciadas no mercado de trabalho. Entendemos a empregabilidade como a preparação para a busca de emprego, como assim a define McLaughlin (1995) e amplia Campos (2006). O conceito foi também estudado por Blanch (1990), apresentando-o como o grau de adequação do perfil profissional latente àquele típico de uma pessoa empregada.

A carreira é a continuidade da vida de uma pessoa e a universidade pode ser considerada, na visão das autoras, uma ponte que vincula toda a sequência de experiências pessoais e profissionais que tem a história individual como ponto de partida e o contexto socioeconômico e cultural como cenário dessa trajetória. Escolher uma profissão, em última instância, é escolher um estilo de vida, e as instituições de ensino deveriam ter uma participação mais efetiva nesse processo.

Os autores destacados concordam na importância do autoconhecimento para a escolha de uma carreira. As universidades brasileiras oferecem, no momento atual, uma enormidade de cursos que colocam o jovem ingressante em uma busca sem mesmo saber o porquê e o para quê da mesma. A responsabilidade pela escolha e pelo posterior sucesso na carreira profissional deve ser, sem dúvida, uma resultante da interação dessas duas partes.

Holland (1975) conclui que alunos bem direcionados e que possuem um projeto de vida relacionado ao seu curso e à sua futura profissão mostram-se mais equilibrados e lidam de forma mais satisfatória com as exigências sociais em geral. Uma maior integração entre as instituições de ensino e o mercado de trabalho faz-se cada vez mais necessária com o desenvolvimento de programas e procedimentos em seleção profissional que auxiliem os jovens ingressantes nas universidades a possuir melhor conhecimento e compreensão de si próprios e, igualmente, a compreender e ampliar as habilidades e qualificações pessoais e profissionais que aumentem as oportunidades de êxito na travessia da ponte.

A busca por uma
profissão com significado

No mundo de hoje, em decorrência da contínua evolução da ciência e da tecnologia, deparamo-nos com uma sociedade em que predomina o homem como massa, em detrimento do homem como indivíduo (Kubler-Ross, 1987).

Essa evolução fez com que houvessem mudanças acentuadas no mercado de trabalho, provocando nele uma contínua mudança, desde a automação dos serviços até das relações humanas com a finalidade de se obter resultados mais rápidos. Ao nos relacionarmos com os jovens que saem das universidades, podemos levantar alguns questionamentos: não seriam esses jovens a expressão da não concordância do que é o trabalho hoje, isto é, pautado nos moldes anteriores ao capitalismo flexível, ou de porta-vozes contra uma profissão que segue um modelo científico?

Afinal, o que é o trabalho hoje? Ou melhor, o que é profissão hoje? E se a profissão hoje é outra? Como essa nova profissão demonstraria o crescimento psicológico do indivíduo, bem como o desenvolvimento de uma organização?

O surgimento da profissão

Profissão, segundo o dicionário Aurélio (Ferreira, 1999, p. 1644), é o "ato ou efeito de professar, é a declaração ou confissão pública de uma crença, sentimento, opinião ou modo de ser, é também atividade ou ocupação especializada e que supõe um certo preparo, e que encerra um certo prestígio pelo caráter social e intelectual".

A palavra "profissão" tem sua origem na teologia. Denotava, na Idade Média, uma declaração, promessa ou votos feitos por alguém ao entrar para uma ordem religiosa, gradualmente chegou a representar o grupo de pessoas que fazia o voto, ou seja, uma determinada ordem de monges, freiras ou outras pessoas que faziam uma profissão. Por volta dos séculos XV e XVI, o termo incluía as profissões eruditas – não apenas teologia, mas também direito, medicina e educação. Mas no final do século XVIII, política e direito tornaram-se profissões proeminentes na América, e no final do século XIX e início do século XX, profissões como professor e médico tiveram seu conceito aumentado. A medicina, devido à sua contínua supremacia, fez com que ela própria fosse considerada o "verdadeiro ideal profissional" da América durante o século XX. Já com a administração, havia dúvidas se ela havia se tornado uma profissão nessa época, pois não tinha o caráter altruístico das outras. O fato de uma ocupação ser uma profissão não é simplesmente questão de ser reconhecida como tal; se assim fosse, certamente as atenções se desviariam para quem quer que adquirisse a autoridade para desempenhar o ritual. A segunda metade do século XX testemunhou um rápido aumento da profissionalização das ocupações, com um número cada vez maior delas auxiliando para a noção de qual era o verdadeiro ideal profissional, denotando uma "vocação dignificada, praticada por 'profissionais' que professam serviços altruísticos e contratuais, inclusão numa associação forte e capacidade funcional baseada nas Ciências Naturais" (Kimball, 1992).

Permeando esse conceito, encontrava-se um dos mais importantes sustentáculos da cultura americana. De acordo como o mito da empresa capitalista, a parcimônia e a atividade eram as chaves do sucesso material e da satisfação espiritual.

Em uma economia em expansão, podia-se esperar que o valor dos investimentos se multiplicasse com o tempo, como o porta-voz da autossuficiência, de

74 • UNIVERSITÁRIOS EM PONTES

*toda sua celebração do trabalho como sua
própria recompensa (Lasch, 1983, p. 80).*

Mas, em uma era que tem como características a velocidade e a complexidade, a cultura americana com suas virtudes dos protestantes foi perdendo força, dando lugar a uma profunda mudança em nosso sentido do tempo, transformando os hábitos do trabalho, seus valores e a definição de sucesso. Apoiando esse ponto de vista existem pesquisas indicando que os valores para as diversas profissões são diferentes, mesmo na época do treinamento de graduação (Edwards, Nalbandian & Wedel, 1981), e que diferentes grupos profissionais dentro da mesma organização empregadora podem sofrer conflitos de valor (Davidson, 1981). O tradicional contrato de carreira, com suas promessas de uma relação empregatícia de longo prazo e segurança, foi susbstituído por um entendimento transacional de prazo mais curto: o contrato é "renovável" diariamente, com base nas atuais necessidades e desempenho (Peiperl, Arthur, Goffee, & Morris, 2000).

Em contraponto, existem estudiosos que enfatizam a existência de um conjunto comum subjacente de normas e valores ao qual todas as práticas profissionais devem estar ligadas. Essa visão afirma que a ética profissional baseia-se em um núcleo de moralidade comum ou pessoal que transcende as distinções ocupacionais. Por exemplo, O'Brien (1998) concentra-se na confiança como ingrediente essencial a todas as relações profissionais.

A transformação da profissão

O fenômeno globalização da sociedade suscitou uma radical metamorfose não só na crescente competitividade entre as empresas, nem só pela rápida expansão tecnológica ou na gestão dos negócios, mas em todas as instituições, como o emprego, a família, a religião e o governo (Malvezzi, 2000).

Hoje, temos a possibilidade da empresa virtual, do trabalho a distância, da homogeneização das tarefas de profissões distintas no teclado do computador e da diminuição significativa do trabalho manual. A carreira cresce como mobilidade entre tarefas e missões mais complexas, deixando de ser a ascensão na escala hierárquica, o gerenciamento aparece como

> *autogerenciamento, as relações de trabalho ganham mais autonomia porque estão menos dependentes de contratos formais e mais relacionadas à imprevisibilidade e flexibilidade, a regulagem gerencial externa é susbstituída pelo autocontrole, as estruturas por equipes interdependentes e polivalentes e a estabilidade do vínculo empregatício não é mais algo que interesse nem ao trabalhador nem à empresa (Malvezzi, 2000, p 15)".*

Como a natureza dessas mudanças multiformes sugere, os limites tornaram-se muito mais permeáveis. Na verdade, as carreiras, em seu estado atual, têm sido chamadas de "sem limites" (Arthur & Rousseau, 1996), e carreiras dentro de organizações também não existem mais (Hall, 1996). Essa mudança nos limites das carreiras se revela de muitas formas. Primeiro, agora é mais comum e mais aceitável que uma pessoa esteja em transição, sozinha, explorando novas opções profissionais e decidindo o que fazer em seguida. No passado, provavelmente descreveríamos essa condição como "sem trabalho", e ela certamente seria considerada de forma pejorativa. Em um mundo onde, segundo Daniel Levinson (1979), metade da nossa vida adulta é passada em transições, esse estado é uma parte normal da existência.

Num mundo onde, segundo Daniel Levinson (1979), metade da nossa vida adulta é passada em transições, esse estado é uma parte normal da existência. Uma vez que nessa jornada de crescimento pessoal e profissional as dificuldades em grande parte foram eliminadas, o indivíduo atento aproveitará isso como oportunidade para seguir o seu caminho.

Vê-se que agora há mais preocupação com a procura de um significado e objetivo pessoal no trabalho. Notamos um enorme aumento no autoemprego, contratação independente, consultores privados, capacidade de empreender, ou seja, administrada pela pessoa e não por uma organização, e que a força impulsionadora são os desejos, os valores e o desejo de sucesso psicológico do próprio indivíduo. Assim, embora haja menos segurança oferecida pela organização, existe maior liberdade e oportunidade de criar garantia por meio de nossa habilidade e capacidade de aprender (Hall & Mirvis, 1996).

Dessa forma, outra questão relacionada ao emprego surge como a reinstitucionalização do trabalho, mesmo dentro das empresas, na forma do trabalho empreendedor. Malvezzi (2000, p. 15) descreve: "O empreendedor é agente econômico (porque produz valor econômico) que cria e coordena recursos (reflexivo, porque opera independentemente de estruturas que manualizam seus atos)".

Portanto, o modelo de trabalho gerado pela globalização, que preserve a autonomia, é transformar o indivíduo em um agente econômico reflexivo. Essa maneira está muito mais próxima da motivação de gerações mais novas, devido à capacidade de adaptação às mudanças e onde a transição faz parte da rotina. Ao contrário dos indivíduos que já estão na metade da carreira profissional e do atual sistema educacional que as universidades apresentam, ultrapassado, diga-se de passagem, e com resistências às mudanças. Lefèbvre (1972) traz o conceito de "autogerência", no qual, para ele, o eu ultrapassa o domínio do trabalho organizado e estreitamente ligado com o que Marx entendia por características de atividade autoprodutiva, bem como com a práxis de Sartre do indivíduo em sua busca pela liberdade, na qual, "por meio da autogerência, a pessoa se eleva da existência cotidiana de aparente banalidade para descobrir abaixo da sua trivialidade algo extraordinário em sua própria insignificância" (Lefèbvre ,1972, p. 36).

De acordo com Nicholson (1998), a construção de uma dinâmica de carreira é apresentada através da motivação, seleção e conexão e da interação entre si.

A motivação inclui metas inatas, módulos de ação e atributos cognitivos gerais da espécie e individualmente diferenciados dos quais as carreiras são o principal meio de expressão. A seleção engloba forças seletivas imbuídas em organizações e culturas que governam as oportunidades de carreira. E por último, a conexão atribui estratégias perceptuais e comportamentais por meio das quais os indivíduos procuram o sentido de suas situações e uma reconciliação entre a motivação e as estruturas de oportunidade.

Mas, ao analisarmos a sociedade mais amplamente, descobrimos que a motivação de *status* também é moderada em sua força e expressão pelas diferenças individuais de três tipos: sexo, temperamento e estágio de vida.

Quanto ao sexo, a evolução impulsiona os gêneros de formas diferentes e o ponto controverso está nas condições do patriarcado, quase universal, que rege as estruturas de emprego ligadas à orientação masculina em que o *status* associa-se ao domínio competitivo e ser recompensado se dá por meio de poder e posição (Smuts, 1995).

80 • UNIVERSITÁRIOS EM PONTES

Quanto ao temperamento, base física da personalidade, é mensurável em termos de motivos e disposições individuais, mas grande parte da literatura sobre carreiras subestimou até que ponto o desenvolvimento profissional é determinado pela personalidade e outros atributos estáveis (Wiggins & Trapnell, 1997).

O modelo Super (1953) identifica corretamente a juventude como uma época de exploração das alternativas ambientais para os nossos melhores "cenários de oportunidades", a idade adulta como um refinamento e engaste de conexões, e a vida avançada como um desligamento progressivo. Se os interesses de carreira se alteram ao longo desse período, mais provavelmente refletem como a expressão de interesses é mais depurada do que uma reforma fundamental dos impulsos subjacentes por meio do *feedback* da experiência. Também se deve ter em mente que trabalho e carreira não são os únicos domínios para a obtenção de bem-estar (Nicholson, 1998). Vê-se que agora há mais preocupação com a procura de um significado e objetivo pessoal no trabalho.

A transcendência da profissão

Testemunhamos uma discussão mais explícita da espiritualidade na profissão – a noção de carreira, como chamada, ou vocação (Hall & Mirvis, 1996), o que se torna irônico, pois a noção de carreira como vocação é tão velha quanto nova, uma vez que o campo da psicologia vocacional trabalha justamente em integrar opções pessoais com oportunidades ocupacionais, conforme comentamos no início deste estudo. Dessa forma, a carreira, a profissão, o trabalho tornaram-se mais uma questão interior subjetiva do que financeira. Tese apoiada por Argyris (1957) e Maslow (1954) quando defendem um trabalho que proporciona mais crescimento psicológico do que econômico do homem. Em contrapartida, encontramos Crozier (1969), que apesar de não ter um modelo de homem, concluiu que a desumanidade da organização do trabalho para com o indivíduo não era limitada. Baxter (1999), no entanto, coloca que uma comparação entre o comportamento do homem e o seu potencial psicológico pode revelar uma lacuna tão grande que qualquer forma significativa de reconciliação pareça impossível. Além disso, diante de sua afirmação de que no trabalho o homem aliena o seu labor do outro organizacional e sofre psicologicamente ao se dissociar tanto de si mesmo (suas potencialidades) e das outras pessoas (porque reage agressiva e competitivamente a elas),

82 • UNIVERSITÁRIOS EM PONTES

seria coerente argumentar que qualquer esforço para reconciliar as diferenças entre a realidade mundana do homem e suas possibilidades espirituais no contexto do trabalho seria indesejável, pois o poder inerte do outro simplesmente se reafirmaria e o homem mais uma vez sucumbiria ao seu abraço mortal. Só uma pessoa, cética, dissociada, cujo distanciamento das metas e dos ideais do sistema fechado pode levá-la a romper com aquela estrutura e ter uma nova abertura psicológica. Esse ato exige grande força ontológica e coragem que só podem surgir por meio da percepção de nossas potencialidades. Essa autoconsciência é necessária para equilibrar o poder absolutamente inerte do sistema estabelecido que encoraja a exclusão da consciência, ou por meio dos esforços dos cientistas da organização para introduzir a sua versão da autorrealização, ou, menos sutilmente, por meio de recompensa financeira. Mas Baxter (1999) acredita que a longo prazo a atitude instrumental para com o trabalho possa levar a uma abertura psicológica, que só dependerá em grande parte do uso criativo das horas de lazer para estimular o crescimento psicológico.

Maslow (1954) procurou estabelecer a união entre o eu, como sujeito, e o ambiente, como o outro, não reduzindo o eu a serviço do outro, mas explorando o potencial do homem no contexto de uma mutualidade de interação entre o eu e o outro. Para isso, especificou as precondições necessárias para a emergência de sua criatividade ativa ao propor que o indivíduo deve primeiro ter satisfeito suas "necessidades inferiores" antes que o "mais elevado" desejo de autorrealização possa se manifestar.

Alderfer (1972) confirma que a autorrealização é considerada uma necessidade de alto nível porque, ao contrário de outras necessidades, ela nunca poderá ser totalmente consumada, devido à sua natureza psicológica aberta.

No mesmo caminho, Goldstein (1934) coloca que a tendência para realizar a si mesmo vem de um impulso que move o organismo e que sua concepção não era de um ímpeto para reduzir a tensão, como Freud acreditava. Diferente de uma pessoa doente, a pessoa normal se realiza usando suas habilidades, experiências e conhecimento pessoal para crescer psicologicamente, e não apenas para reduzir a tensão evitando o inesperado, mas para expressar sua alegria de chegar a um acordo com o mundo.

Baxter (1999) explica que Maslow elaborou a hierarquia evolucionária das necessidades como pano de fundo para a compreensão da primazia da autorrealização, que para ele

84 • UNIVERSITÁRIOS EM PONTES

está relacionada com a satisfação e o crescimento pessoais, e não com a organização do trabalho, apesar de cientistas organizacionais, como Goffee (2000) e Peiperl (2000), não concordarem com essa argumentação.

Uma profissão que tenha significado

As ideias de Maslow foram avançando até o ponto de admitir que existe o desejo do homem de crescer psicologicamente no ambiente de trabalho, no qual o crescimento do outro tem precedência. Em seus últimos trabalhos, o autor deixou mais explícito que a verdadeira satisfação pessoal e autodesenvolvimento surge na transcedência de tais forças centrada no outro quando o indivíduo pratica a cognição-de-Ser (*Being-cognition*).

No texto, Maslow (1976, citado por Baxter, 1999, pp. 166-167) acreditava que essa forma de cognição era a mais rica que se podia alcançar, pois é por meio dela que a pessoa compreende e atua com a consciência da unidade inerente a todas as coisas, percebendo o mundo à sua volta por meio de uma "segunda inocência da autorrealização", que não significa um estado de ingenuidade infantil baseado na ignorância dos aspectos sórdidos do mundo. Ao contrário, é a incorporação e transcendência das deficiências do mundo, ou como Maslow as chamou, são "os aspectos-D", seus "vícios, contendas, pobreza, brigas e lágrimas", nas quais as pessoas, acontecimentos e processos são vistos como são de fato e não através de uma gama de desejos, necessidades, desajustes, medos e fraquezas pessoais. É uma "percepção não motivada", na qual as pessoas especificamente rejeitam o comportamento orientado para "lutar, fazer, aguentar, conseguir, tentar, ter determinação", e assim o indivíduo atinge uma consciência bem próxima à percepção zen da *suchness* dos objetos, isto é, ver o objeto "não apenas em si mesmo, mas na situação em que ele se encontra – a situação em seu sentido mais amplo e profundo possível" (Suzuki, 1957, citado por Baxter 1999, p. 167).

Mas essa percepção pressupõe a harmonia com o outro, cuja presença pode ser aprovadora ou reservada. Sem essa relação entre o eu e o outro, o primeiro recorre à percepção e ação motivada que precede a realização psicológica. Dessa forma, o contexto utilizado pelos cientistas organizacionais da autorrealização como força motivadora para atingir metas em um contexto dominado pelo outro no ambiente de trabalho é contrário ao espírito da autorrealização de Maslow.

A antropologia, por outro lado, trata do sentido que os humanos em coletividade dão à sua existência por meio do outro.

A noção de inconsciente, presente em Mauss, implica em que se possa apreender, além das particularidades locais, os mecanismos profundos que tornam as sociedades compreensíveis e comparáveis. Por trás da certeza cerrada do ego ocidental, Freud descobre um mundo, o outro no si mesmo, poder-se-ia dizer, as aventuras e os avatares do ego remetendo à sua origem plural, ao complexo de Édipo e ao cenário primitivo. O outro próximo é ego. É descobrindo a alteridade na identidade. É na relação que o sentido encontra a sua existência e portanto o "eu é um outro", diz Rimbaud antes de Lacan, ou o contrário "Madame Bovary sou eu", exclama Flaubert (Augé, 1999, p. 63).

A etnologia, que faz o percurso simétrico e inverso da psicanálise, que postula de partida a alteridade "existe o si-mesmo no outro e que também existe o outro no si-mesmo" (Augé, 1999, p. 63), considera que um grande conjunto residencial ou uma empresa não são mais homogêneos que uma sociedade de linhagem, isto porque nem a residência nem a empresa são mundos fechados. De um universo ou de uma classe para outra, as identidades se respaldam ou se contradizem, se complicam ou se simplificam, mas é o objeto de identificações sucessivas que o etnólogo faz a proximidade cultural e torna manifesta uma dupla impossibilidade. Mas existe uma dificuldade quando se trata da diferença entre diversos tipos de sociedades. Por um lado, os valores culturais evoluem mais depressa no contexto de uma história animada. Por outro, o indivíduo está muito sujeito à mudança cultural nas sociedades em que precisamente o valor essencial é a ideia do indivíduo. "Muitas vezes somos vítimas, quando falamos dos outros, de esquemas preconcebidos, principalmente de uma certa cultura que poderia pregar-nos uma peça quando resolvemos falar de nós mesmos" (Augé, 1999).

De qualquer forma, se a autorrealização do indivíduo tem seu êxito na harmonia com o outro ou no sentido dos outros, a cultura dos negócios na América do Norte, dominada pela determinação e luta por fins definidos pelo outro, ignora, portanto, a força espiritual que dá ao trabalho o seu significado particular em face de Deus, o Outro.

O próprio Maslow atribui um esforço muito maior da pessoa para compensar deficiências e conseguir a verdadeira autorrealização.

Enfatiza forte e corretamente que "ser" demanda tanto esforço e é tão ativo quanto lutar. Suas sugestões nos levariam a constrastar lutar-para--compensar deficiências com lutar--para-autorrealizar-se, em vez de lutar com ser. Essa correção também serve para remover a impressão, facilmente adquirida, de que "ser", reações não motivadas e atividade sem propósito são mais fáceis, menos enérgicas e menos difíceis do que lidar com problemas externos (Maslow, 1954, p. 292, citado por Baxter, 1999, p. 168).

Allport (1955), com seu otimismo, acredita que as convicções religiosas de uma pessoa possa sustentá-la em seu empenho de tornar-se, pois a coragem do homem para "ser" ganha um apoio ontológico por meio de sua reciprocidade semiautônoma para com o outro. Dessa forma, a religião pode ser um suporte positivo para o indivíduo, permitindo um crescimento autêntico, pois ela não apenas protege o indivíduo da ansiedade ou desespero, mas também permite que esse indivíduo a cada estágio da vida possa relacionar-se significativamente com a totalidade do ser.

Na mesma direção e com propriedade em desenvolver no indivíduo a autorrealização, encontramos um método, originário do budismo tibetano, chamado *Skillful Means*. Não se trata de religião, pois não é para acreditar, mas sim de uma metodologia que desperta o potencial do indivíduo e faz com que sua vida tenha mais significado.

A constatação de Tulku (1994) de que a maioria das pessoas trabalha basicamente por causa do salário e que essa maneira de trabalhar gera empobrecimento em um nível profundo traz outro ponto a se refletir quando se trata da evasão de universitários.

> É certo que o trabalho preenche outras necessidades: a possibilidade de uma identidade profissional, a aprovação dos outros, uma sensação de domínio e poder, a interação social e a simples satisfação de manter-se ocupado. O que todas estas recompensas têm em comum é que são extrínsecas ao processo do trabalho em si. Trabalhamos para realizar metas específicas, mas raramente encontramos valor no próprio processo de trabalhar ou com um sentido de profunda realização (Tulku, 1994, p. 3).

Muitas pessoas trabalham duro e com sucesso durante muitos anos e, às vezes, chegam a um ponto onde questionam o valor daquilo que têm feito. O trabalho confere a elas um grau de segurança e conforto material, mas será que as ajudou a se desenvolver como seres humanos? Terá aprofundado o seu sentido de significado e propósito? Permitiu que elas se aproximassem da realização de suas metas de vida?

Acredito que esses questionamentos vão de encontro com a hierarquia evolucionária e a compreensão da autorrealização de Maslow. Ferguson (1980) coloca que viver e não apenas levar a vida é essencial quando se busca a integridade.

> Nossa fome passa a ser por algo diferente e não por algo a mais. Comprar, vender, possuir, economizar, partilhar, conservar, investir, dar – são expressões externas de necessidades internas. Quando essas necessidades mudam, como na transformação pessoal, o modelo econômico também se modifica. Por exemplo, o consumismo é um ópio para muitas pessoas, um bálsamo para os desapontamentos, as frustrações, o vazio. Talvez possamos também descobrir que "ter" é, em certo sentido, uma ilusão, que o apego às coisas pode nos impedir de as apreciarmos livremente. Uma percepção maior poderá nos ensejar uma nova apreciação das coisas simples. E a qualidade se torna importante – "a qualidade de vida" de que tanto se fala.

> *Se o trabalho se torna compensador e não só obrigatório, isso também irá reordenar valores e prioridades (Ferguson, 1980, p. 306-307).*

Quando trabalhamos sem real disposição, o trabalho é basicamente pouco compensador e o conflito interno conduz à exaustão do espírito e da mente. E a autora completa que, quando o jovem escolhe um curso universitário sem a disposição para o "pensar", a escolha o conduz a um conflito interno, gerando tensão devido à exaustão do espírito e da mente.

Não é à toa que o mal do século tem como causa estresse, depressão, ansiedade. Mas também, quando trabalhamos por uma causa em que acreditamos, não nos concentramos na atividade do trabalho em si, mas sim nos resultados e outra vez o padrão da insatisfação se repete. Tudo isso porque raramente consideramos que o trabalho seja uma oportunidade de aprender algo fundamental a nosso respeito, permitindo-nos demonstrar compaixão ou ser um exemplo para outros. Pensamento este partilhado por Maslow em seus últimos trabalhos, quando aborda que o autodesenvolvimento surge na transcendência de tais forças centradas no outro, quando o indivíduo pratica a cognição-de-Ser (*Being-cognition*).

A separação entre esses dois modos de vida não tem sido questionada há muito tempo e se o fizeram, não foram valorizadas, por exemplo: Cofer e Appley (1964) e Lawler e Suttle (1972) consideraram a proposta de Maslow como "não científica". À medida que a tendência para a fragmentação social se acelera, espalhando-se por todos os cantos do mundo, as consequências dessa divisão entre o espiritual e o mundano são graves. Para aqueles interessados nas questões espirituais, fica mais difícil encontrar o apoio material que lhes permita trilhar esse caminho. Por outro lado, as grandes realizações dessa cultura no reino material acabam por parecer vazias, minadas pela crescente sensação de falta de significado e insatisfação, além da suspeita de que o tecido social está próximo de uma ruptura. Hoje, essa divisão não funciona mais. As rígidas hierarquias e crenças comuns que apoiavam essa divisão no passado estão desaparecendo. Aprender a integrar valores espirituais com o trabalho pode ser um modo poderoso de assegurar que nosso trabalho seja bem-sucedido. Quanto mais o trabalho expressa a beleza de

94 • UNIVERSITÁRIOS EM PONTES

uma ética interior, mais eficiente e produtivo ele será. E as autoras completam que, quanto mais a escolha do curso universitário expressar a beleza de uma ética interior, mais eficiente, produtiva e significativa ela será.

Os meios para alcançar essas metas estão também intimamente relacionados. A alegria e a capacidade de alcançar algo importante dependem da capacidade da mente. Sem saber como educar, alimentar e disciplinar essas capacidades inatas, podemos realizar pouco, tanto no reino espiritual como no mundo dos negócios.

Enquanto descrevemos essa nova abordagem sobre "Uma nova maneira de trabalhar", praticamente estamos trilhando a trajetória da escolha da profissão. Porque enquanto usamos o trabalho como nossa prática, temos um retorno direto e imediato que é incrivelmente útil em todo tipo de caminho espiritual. Além disso, os desafios constantes do trabalho força-nos a desenvolver mais e mais o conhecimento. A necessidade de sermos eficientes ao lidar com os outros significa que temos que nos tornar estudiosos da mente. A necessidade de aprendermos com nossos erros significa que temos que ser honestos com relação a nossas forças e fraquezas.

Por fim, quando o trabalho, a profissão e a carreira tornam-se um caminho de realização e satisfação, nossas ações tornam-se cada vez mais significativas.

Referências

Alberto, L. C. F. R. (2000). *Os determinantes da Felicidade no trabalho: Um estudo sobre a diversidade nas trajetórias profissionais de engenheiros.* Dissertação de mestrado, Instituto de Psicologia da Universidade de São Paulo, São Paulo, SP, Brasil.

Alderfer, C. P. (1972). *Existence Relatedness and Growth: Human Needs in Organizational Settings.* New York: Free Press.

Almeida, L. S. (1999). Avaliação Psicológica: Exigências e desenvolvimento nos seus métodos. In Wechsler, S. M., & Guzzo, R. S. L. (Orgs.). *Avaliação psicológica: perspectiva internacional.* São Paulo: Casa do Psicólogo.

Allport, G. W. (1955). *Becoming.* New Haven: Yale University Press.

Althuser, L. (1974). *Ideologia e aparelhos ideológicos de estado.* Lisboa: Presença.

Andrade, A. M. F., Braga, G. L., Hora, L. H. M., & Aragão, T. B. A. (2001). Desenvolvimento e validação do TDP – Teste das Dinâmicas Profissionais. In *XXXI Reunião Anual de Psicologia* (p. 247). Rio de Janeiro: SBP.

Arbona C. (1966). Career Theory and Practice in a Multicultural Context. In Savickas, M. L., & Watsh,

W. B. *Handbook of Career Counseling Theory and Practice*. Palo Alto: Davies Black.

Argyris, C. (1957). *Personalidade e Organização – o conflito entre o sistema e o indivíduo*. Rio de Janeiro: Renes.

Arthur, M. B. R D. M. (1996). *The Boundaryless Career: A Nova Employment Principle for a New Organizational Era*. Nova York: Oxford University Press.

Aubert, N. (2003). *Le Culte de L' Urgence: La société malade du temps*. Paris: Champs Flammarion.

Augé, M. (1999). *O Sentido dos Outros*. Petrópolis: Editora Vozes.

Balbachevsky, E. (2003, setembro). Direito, Arquitetura e Medicina são, na USP, cursos da "elite" [entrevista com Fábio Takahashi]. *Folha de S. Paulo*.

Barella, J. E. (2006, 26 de abril). O Plano B na Meia-Idade: em busca de uma segunda profissão, muitos quarentões estão de volta à universidade. *Revista Veja*, 39(16), pp. 68-9.

Baudelot, C., & Establet, R. (1971). *L'école capitaliste en france*. Paris: Maspero.

Bauman, Z. (2001). *Modernidade Líquida*. Rio de Janeiro: Jorge Zahar.

Bayer, E. L. (1987). *College: The undergraduate experience in America*. Nova York: Harper & Row.

Referências • **99**

Baxter, B. (1999). *Alienation and Authenticity.* Tavistock Publications. London.

Bellodi, P. (1999). *Personalidade e escolha de especialidade médica: o clínico e o cirurgião para além dos estereótipos – Uma investigação pelo psicodiagnóstico de Rorschach.* Dissertação de doutorado, Instituto de Psicologia da Universidade de São Paulo, São Paulo, SP, Brasil.

Bhabha, H. K. (2001). *O Local da Cultura.* Belo Horizonte: Editora UFMG.

Blanch, J. M. (1990). *Del viejo al nuevo paro.* Barcelona: PPU.

Bock, S. D., & Bock, A. M. B. (2005). Orientação Profissional: uma abordagem sócio-histórica. *Revista Mexicana de Orientación Educativa, 5.*

Bohoslavsky, R. (1977). *Orientação vocacional: a estratégia clínica.* São Paulo: Martins Fontes.

Bosi, M. L. M, & Elias, T. F. (2000). Um novo caminho: perfil e trajetórias de alunos de psicologia ingressos como portadores de diploma. *Estud. Psicol., 17*(2), pp. 31-40.

Bourdieu, P. (1974). *A economia das trocas simbólicas.* São Paulo: Perspectiva.

Bordieu, P., & Passeron J. C. (1975). *A reprodução.* Rio de Janeiro: Francisco Alves.

100 • UNIVERSITÁRIOS EM PONTES

Campos, K. C. L. (2006). *Construção de uma escala de empregabilidade:competências e habilidades pessoais, escolares e organizacionais.* Tese de doutorado, Intituto de Psicologia, Universidade de São Paulo, São Paulo, SP, Brasil.

Castells, M. (2002). *O Poder da Identidade.* São Paulo: Paz e Terra.

Castaño, C. (1983). *Psicologia y orientación vocacional (um enfoque interactual).* Madrid: Marova.

Civelli, F. (1998). Personal competencies, organizational competencies, and employability. *Industrial and Commercial Training, 30*(2), pp. 48-52.

Cocco, M. I. M. (1999). Trabalho & Educação: novas possibilidades para antigos problemas. In Bagnato, M. H. S., & Cocco, M. I. M. 7 De Sordi, M. R. L, *Educação, Saúde e Trabalho: antigos problemas, novos contextos, outros olhares* (pp. 99-100). Campinas: Alínea.

Cofer, C. N, & Appley M. H. (1964). *Motivation: Theory and research.*

Collucci, C. (2004, janeiro). USP – 70 anos: A Universidade na Encruzilhada. *Folha de S. Paulo,* São Paulo, Caderno Especial.

Crozier, M. (1969). *The Bureaucratic Phenomenon.* Londres: Transaction Publishers.

Dowbor, L. (1996). Educação, Tecnologia e Desenvolvimento. In L. Bruno (Org.). *Educação e Trabalho no*

Capitalismo Contemporâneo: leituras selecionadas. São Paulo: Atlas, p. 17-40

Davidson, D. In Lefkowitz J. (1981). Ethics and Values in Industrial-Organizational Psychology, p. 188-9.

De Leon, L. In Lefkowitz, J. (1981). Ethics and Values in Industrial-Organizational Psychology, p.188-189.

Dias, M. L. (1995). Família e Escolha Profissional. In *A Escolha Profissional em Questão* (pp. 71-92). São Paulo: Casa do Psicólogo.

Edwards, T. Nalbadian, J. & Wedel, K. (1981). Individual Values and Professional Education: Implications for Practice and Education. *Administration & Society*, 13(2): 123-143.

Feij, J. A. et al. (1999). The development of person--vocation fit: a longitudinal study among young employees. *International Journal of Selection and Assessment*, 7(1), pp. 12-25.

Ferguson, M. (1980). *A Conspiração Aquariana: transformações pessoais e sociais nos anos 80.* Rio de Janeiro: Record.

Fernandes, M. I. A. (2004). Os sentidos do morar: uma questão para a Psicologia Social. In DeBiaggi, S. D., & Paiva, G. J. *Psicologia, E/Imigração e Cultura.* São Paulo: Casa do Psicólogo. 76p.

Ferreira, A. B. H. (1999). *Novo Dicionário Aurélio da Língua Portuguesa.* Rio de Janeiro: Nova Fronteira. 3ª Ed, 2100 pp.

102 • UNIVERSITÁRIOS EM PONTES

Ferreira, A. B. H. (1986). *Novo Dicionário Aurélio da Língua Portuguesa*. Rio de Janeiro: Nova Fronteira. 688p e 913p.

Freuyt, F., & Mervielde, I. F. (1999). Ryasec tipes and big five traits as predictors of employment status and nature of employment. *Personnel Psychology*, 52, pp. 701-727.

Garcia Hoz, V. (1988). *Pedagogia Visível Educação Invisível*. São Paulo: Nerman.

Garrubo, C. H. T. (2001).*Crítica ao conceito de Identidade*. Dissertação de mestrado, Pontifícia Universidade Católica, São Paulo, SP, Brasil.

Gasperi, R., & Jesus, R. (1995, março/julho). Algunos factores que intervienen en la elección de la carrera em los estudiantes del primer semestre de medicina cohorte marzo-julio. *Bol. Méd*, 15(4), pp. 139-148.

Goffee, R. (2000, novembro/dezembro). What Holds the Modern Company Together. *Harvard Business Review*, pp. 133-148.

Goldstein, K. (1934). *The Organism*. New York: Urzone, 1995.

Gondim, S. M. G. (2002). Perfil profissional e mercado de trabalho: relação com formação acadêmica perspectiva de estudantes universitários. *Estudos de Psicologia*, 7, 2p.

Gonzáles, M. A., & Valentim, R. F. (1996). *Programas de orientación de estúdios y vocacional al término de la*

Referências • **103**

escolaridad obrigatória: recursos para ser puesta em práctica. EUB: Edit. Barcelona, pp.12-16.

Hall, D. T. (1996). Careers In and Out of Organizations. Londres: Foundations for Organizational Science, Sage Publications.

Hall, D. T., & Mirvis, P. H. (1996). The New Protean Career: Psycchological Success and the Path with a Heart. In D. T. Hall and Associates, *The Career is Dead: Long Live the Career*. São Francisco: Jossey-Bass.

Holland, J. L. (1975). *Técnica de la Elección Vocacional – tipos de personalidad y modelos ambientales*. México: Editorial Trillas, S.A.

Kimball, M. M (1992). Values and Value Conflicts in the Professions. In Lefkowitz, J. *Ethics and Values in Industrial-Organizational Psychology*, p.188-189.

Kolb, D. A. (1997). A Gestão e o Processo de Aprendizagem. In Starkey, K. (Org.). *Como as organizações aprendem*. São Paulo: Futura.

Kostman, A. (2004, 21 de janeiro). Procuram-se alunos. *Revista Veja*, 37(3), pp. 61-62.

Kristeva, J. (1994). *Estrangeiros para nós mesmos*. Rio de Janeiro: Rocco.

Kubler-Ross, E. (1987). *Sobre a morte e o morrer*. São Paulo: Martins Fontes.

104 • UNIVERSITÁRIOS EM PONTES

Lapo, F. R., & Bueno, B. O. (1995). Professores, desencanto com a profissão e abandono do magistério. *Cad. Pesquisa, 118*, pp. 65-88.

Lasch, C. (1983). *A cultura do Narcisismo: a vida americana numa era de esperanças em declínio.* Rio de Janeiro: Imago.

Lassance, M. C. P., & Oliveira (1997). A Orientação Profissional e a Globalização da Economia. *Revista da ABOP, 1,* pp.71-80

Lefébvre, H. (1972). *O Pensamento Marxista e a Cidade.* Lisboa: Ulisseia.

Lehman, Y. P. (1988). *Aquisição de Identidade Vocacional em uma Sociedade em Crise: dois momentos na profissão liberal.* Dissertação de doutorado, Instituto de Psicologia da Universidade de São Paulo, São Paulo, SP, Brasil.

Lehman, Y. P. (1999, 15 de setembro). Mudar de carreira já não é tão ruim [entrevista com Immaculada Lopez]. *Jornal da Tarde.*

Lehman, Y. P. (2005). *Estudo sobre a evasão universitária: as mudanças de paradigma na educação e suas consequências.* Dissertação de livre-docência, Instituto de Psicologia da Universidade de São Paulo, São Paulo, SP, Brasil.

Leitão, L. M., Silva, J. T., & Miguel, J. C. (2000). Os interesses vocacionais uma proposta de avaliação dinâmica. *VIII Conferência Internacional – Avaliação Psicológica: Formas e Contextos*. Belo Horizonte: PUC-MG.

Lemos, C. G. (2001). *Adolescência e escolha da profissão no mundo do trabalho atual: um estudo com o procedimento de desenhos-estórias*. São Paulo: Vetor Editora Psicopedagógica.

Levinson, D. T. (1979). *The Seasons of man's life*. Nova York: Ballantine Books.

Lipovetsky, G. (2004). *Os tempos hipermodernos*. São Paulo: Editora Barcarolla.

Loehin, J.C. et al. (1998). Heritabilities of Common and Measure-Specific Components of the Big Five Personality Factors. *Journal of Research in Personality*, 32, pp. 431-453.

Lucchiari, D. H. P. S. (2000). As Diferentes Abordagens em Orientação Profissional. In *Orientação Profissional em Ação: Formação e Prática de Orientandos*. São Paulo: Summus Editorial.

Luft, L. (2004). *Perdas & Ganhos* (22ª ed). Rio de Janeiro: Record.

Luzzo, D. A., & Mac Gregor, M. W. (2001).Practice and Research in Career Counseling and Development. *The Carrer Development Quartely*, 50(2), pp. 62-71.

Macedo, R. (1998). *Seu diploma, sua prancha*. São Paulo: Saraiva.

106 • UNIVERSITÁRIOS EM PONTES

Malvezzi, S. (2000). Psicologia organizacional: da administração científica à globalização; uma história de desafios. Apostila, 19p.

Maslow, A. In Baxter, B. A. (1999). *Alienation and Authenticity*. Londres, pp. 166-167.

Maslow, A. Motivation and personality, Nova York. Harper & Brothes, 1954

McLaughlin, M. (1995). *Assessing Employability Skills*. Eric Digest Information Analysis, Canadá.

Méda, D. (1999). *O trabalho: um valor em vias de extinção*. Lisboa: Fim de Século.

Miranda, C. M. L., & Sauthier, J. (1989). Evasão: um estudo preliminar. *Revista Brasileira Enfermagem, 42*(1/4), pp. 134-40.

Morin, E. (1984) *Ideias Contemporâneas – Entrevistas do Le Monde*. Lisboa: Edit. Europa – América.

Moromizato, J. H. Y. (1992). *Contribuição à política de fixação dos profissionais da saúde na região de Itapecerica da Serra*. Dissertação de mestrado, Faculdade São Camilo de Administração Hospitalar, São Paulo, SP, Brasil.

Morris. T. (2000). *Career Frontiers: New Conceptions of Working Lives*. Oxford: Oxford University Press.

Neiva, K. M. C. (2003). *Escala de Maturidade para a Escolha Profissional – EMEP*. São Paulo: Vetor Editora Psicopedagógica.

Nicholson, N. (1998). *How Hardwired is Human Behavior?* Boston: Harward Business Review.

Noronha, A. P. P, & Ambiel, R. A. M. (2006, junho). Orientação Profissional e Vocacional; Análise de Produção Científica, *PsicoUSF*, *11*(1), pp. 75-84.

O'Brien, J. (1998). The politics of person centered planning Part II. The Council, *15*(2), p. 3. Towson: *The Council on Quality and Leadership in Supports for People with Disabilities.*

Pasquali, L. Técnicas de Exame Psicológico – TEP: Manual. (2001). Conselho Federal de Psicologia. São Paulo: Casa do Psicólogo.

Passarelli, L. B. (1990). *Crítica ao conceito de escolha profissional: um estudo exploratório na carreira profissional de informática.* Dissertação de mestrado, Instituto de Psicologia da Universidade de São Paulo, São Paulo, SP, Brasil.

Patto, M. H. S. (1999). *A produção do fracasso escolar: histórias de submissão e rebeldia.* São Paulo: Casa do Psicólogo.

Peiperl, M. A. et al. (2000). *Career Frontiers: New Conceptions of Working Lives.* Oxford: Oxford University Press.

Pelletier, D. et al. (1985). *Desenvolvimento vocacional e crescimento pessoal.* Petrópolis: Vozes.

Pemberto, C. (1995). *Strike a new career deal.* Londres: Pitman Publishing.

108 • UNIVERSITÁRIOS EM PONTES

Pimenta, S. G. (1979). *Orientação Vocacional e decisão: estudo crítico da situação do Brasil.* São Paulo: Edições Loyola.

Programas de Combate à Evasão. Recuperado em 20 de janeiro de 2004 de http://www.novaescola. abril.com.br.

Pupatto, L. Entrevista a UniversiaBrasil. Recuperado em 20 de janeiro de 2004 de http://universiabrasil.net/ gestor/materia_novosreitores.

Ribeiro, M. A. (2005). O Projeto Profissional Familiar como Determinante da Evasão Universitária – Em Estudo Preliminar. *Revista Brasileira de Orientação Profissional*, 6(2), pp. 55-70.

Ricoeur, P. (1990). *Soi-même comme un autre.* Paris: Ed. du Seuil.

Rifkin, J. (1997). *La fin du travail.* Paris: La Découverte.

Romaniuk, K., & Snart, F. (2000). Enhancing employability: the role of prior learning assessment and portfolios. *Journal of Workplace Learning*, 12(1).

Rosa, C. O. Z., & Santos, A. A. A. (2001). Estilos de Aprendizagem e escolha de carreira entre estudantes de Medicina. *Boletim Psicologia*, 51(114), pp. 81-96.

Rossetto, M. A. C. et al. (2000). Avaliação das características dos estudantes de medicina por meio do método de Rorschach. *Psikhe*, 5(2), pp. 41-51.

Referências • **109**

Santos, M. (1994). *O Novo Mapa do Mundo: Fim de Século e Globalização*. São Paulo: Huatec.

Sbardelini, E. T. B. (2001). *Contextos e questões da avaliação psicológica*. São Paulo: Casa do Psicólogo.

Schorske, C. (1988). *Viena Fin-De-Siècle: política e cultura*. São Paulo: Companhia das Letras.

Secaf, V., & Rodrigues, A. R. F. Enfermeiros que deixaram de exercer a enfermagem: por quê? *Revista Latinoamericana*, 1998, 6(2), p. 5-11.

Sekian et al. (1993). *Gestion des Ressources Humaines*. Montreal: De Boeck, 1993.

Sennet, R. (1999). *A corrosão do caráter: consequências pessoais do trabalho no novo capitalismo*. Rio de Janeiro: Record.

Serres, M. (1997). Discours et parcours. In Lévi-Strauss, C. *L'Identité,* Paris: P.U.F (p. 28).

Silva, M. L. R. (1992). *Personalidade e escolha profissional: subsídios de Kersey e Bates para a orientação vocacional*. São Paulo: EPU.

Silva, L. B. C. (1990). *A escolha da profissão: uma abordagem psicossocial – estudos em alunos do último ano do 2º Grau*. Dissertação de mestrado, Instituto de Psicologia da Universidade de São Paulo, São Paulo, SP, Brasil.

Simmel, G. (1988). *La Tragédie de la culture*. Paris: Rivages.

110 • UNIVERSITÁRIOS EM PONTES

Smuts, B. (1995). The Evolutionary Origins of Patriarchy. *Human Nature*, 6, pp. 1-32.

Spink, M. J. P. (1983). O conceito de representação social na abordagem psicossocial. *Cadernos de Saúde Pública*, 9(3).

Super, D. E. (1953). *A Theory of Vocational Development*. American Psychologist.

Suzuki, D. In Baxter, B. *Alienation and Authenticity*. Tavistock, London, 1999.

Takahashi, F. & Gomes, P. (2011, 03 de fevereiro). Em dez anos, desistência em universidades de SP dispara. Folha de S.Paulo, Cotidiano. Recuperado de: http://www1.folha.uol.com.br/fsp/cotidian/ff0302201101.htm.

Tófoli, D. (2004, 26 de outubro). Universitários em fuga. *Jornal da Tarde*, São Paulo, Caderno Cidade.

Tulku, T. (1994). *A Excelência da Realização no Trabalho*. São Paulo: Dharma.

Tulku, T. (1997). *Conhecimento da Liberdade: tempo de mudança*. São Paulo: Dharma.

Voltolini, (1999). R. *A questão da vocação: psicanálise e psicologia*. Tese de doutorado, Instituto de Psicologia da Universidade de São Paulo, São Paulo, SP, Brasil.

Werbel, J. D. (2000). Relationships among career exploration, job search intensity and job search effectiveness in graduation college studentes. *Journal of Vocacional Behavior,* 57, p. 379-394.

Wiggins, J. S., & Trapnell, P. D. (1997). Personality Structure: The Return of the Big Five. In R. Hogan, J. Johnson, & S. Briggs (Eds.). *Handbook of Personality Psychology.* Nova York: Academic Press.

Yuri, D. (2004, 18 de janeiro). Vagas à vista. *Revista sãopaulo (Folha de S. Paulo)*, *12*(604), p. 18.

Zimerman, D. E, & Osorio, L. C. (1997). *Como trabalhamos com grupos.* Porto Alegre: Artmed.

Impresso por :

gráfica e editora

Tel.:11 2769-9056